科技金融创新的理论与实践研究

孙晓鸥 ◎ 著

吉林出版集团股份有限公司
全国百佳图书出版单位

图书在版编目（CIP）数据

科技金融创新的理论与实践研究 / 孙晓鸥著. -- 长春 : 吉林出版集团股份有限公司，2024.3
ISBN 978-7-5731-4773-8

Ⅰ．①科… Ⅱ．①孙… Ⅲ．①科学技术－金融－研究－中国 Ⅳ．①F832

中国国家版本馆CIP数据核字(2024)第069408号

KEJI JINRONG CHUANGXIN DE LILUN YU SHIJIAN YANJIU

科技金融创新的理论与实践研究

著　　者	孙晓鸥	
责任编辑	张婷婷	
装帧设计	朱秋丽	
出　　版	吉林出版集团股份有限公司	
发　　行	吉林出版集团青少年书刊发行有限公司	
地　　址	吉林省长春市福祉大路 5788 号（130118）	
电　　话	0431-81629808	
印　　刷	北京昌联印刷有限公司	
版　　次	2024 年 3 月第 1 版	
印　　次	2024 年 3 月第 1 次印刷	
开　　本	787 mm×1092 mm　　1/16	
印　　张	10	
字　　数	180千字	
书　　号	ISBN 978-7-5731-4773-8	
定　　价	76.00元	

前　言

　　科技金融作为科技和金融创新的有机结合体，推动了科技、金融和产业的融合发展，是加快科技成果转化、培育发展战略性新兴产业、支撑和引领经济发展方式转变的重要手段。科技金融能够促使金融资本参与创新活动，分散科技创新的风险，分享科技创新的收益，在使科技创新更快、更大地财富化的同时，为金融资本带来更为丰厚的回报。

　　随着科技创新能力的不断发展，以科技推动产业发展、加快经济社会数字化转型升级已经成为全球共识。金融科技不断发挥自身优势，在推动金融线上服务、聚焦中小企业信贷需求、优化生活服务领域等方面加快了改革发展步伐。比如，以人工智能、5G、物联网等为主的关键核心技术创新突破逐渐成为国际竞争焦点，推动了金融科技发展模式创新。

　　本书以科技金融创新的理论与实践为核心，首先介绍了科技金融发展的相关理论、科技金融发展的国内外经验借鉴以及科技金融创新，接着分析了金融基础设施的变革创新、金融科技结合的应用变革创新、金融科技发展的机制保障，最后对金融智能、人工智能催生智慧金融以及金融智能引领银行新生态进行了总结和探讨。

　　本书在撰写过程中，参阅和引用了一些文献资料，谨向其作者表示感谢。同时，也感谢一直以来支持、鼓励和鞭策笔者成长的师长和学界同人。由于笔者水平所限，书中疏漏在所难免，敬请读者和同行批评指正。

目　　录

第一章　科技金融发展的相关理论

科技金融一直是国内经济理论界研究的一个重要领域。我国在"十三五"规划纲要中提出了要以实施创新驱动发展为战略目标，要求发挥科技创新的引领作用，增强自主创新能力，为经济社会的发展提供持续恒久的动力。科技金融是科技与金融深度融合而形成的新范畴，是发挥科技创新作用、促进经济发展的良好契合点和动力引擎，因此无论是回溯历史还是展望未来，研究科技金融的理论都有着重要的意义。

第一节　科技金融的内涵与意义

一、科技金融的内涵

"科技金融"一词首次出现可以追溯到 1993 年，其实际上是由我国学者提出的，国外并没有对科技金融的明确具体的定义。科技金融实际上是由我国的经济体制、金融和科技的运行机制及创新机制相互作用而产生的一个新的领域，因此科技金融可以说是非常具有中国特色的。

而在我国，虽然"科技金融"一词在经济发展实践中被广泛和频繁地应用，但是长期以来在理论上对"科技金融"的概念仍然没有形成统一的定义。根据以往的文献研究成果，国内学者对科技金融内涵的定义大致可以分为以下几种。

四川大学的赵昌文教授在 2009 年出版的《科技金融》一书中明确地定义了"科技金融"一词，这一定义被誉为是国内第一次对科技金融进行的完整定义，也是国内现阶段大多数学者认同的关于科技金融概念的阐述。赵昌文提出"科技金融是促进科技开发、成果转化和高新技术产业发展的一系列金融工具、金融制度、金融政策与金融服务的系统性、创新性安排，是由向科学与技术创新活动提供金融资源的政府、企业、市场、社会中介机构等各种主体及其在科技创新融资过程中的行为活动共同组成的一个体系，是国家科技创新体系和金融体系的重要组成部分"。

赵昌文教授还对科技金融的概念进行了阐述，提出科技金融实际上是一个跨学科的概念，是科技与金融相结合的产物，并提出了科技金融的"5i"规律，也就是创新（innovation）、投入（input）、一体化（integration）、制度化（institutionalization）、国际化（internationalization）。

钱志新在其 2010 年出版的《产业金融》一书中将科技金融定义为"科技企业在整个生命周期中的融资过程，该过程包括融资工具、融资制度、融资政策以及融资服务，融资活动的参与者包括政府、企业、市场、社会中介机构以及其他社会团体"。

房汉廷将科技金融定义为科技和金融的外生变量，虽然有其价值性，但并没有揭露出本质层面的科技金融。因此，他将科技金融概括为四个方面的内容：科技金融是一种创新活动，是知识产权转变为商业化的融资行为的总和；科技金融是一种技术，即经济范式，即技术革命是新经济模式的引擎，金融是新经济模式的燃料，二者合起来就是新经济模式的动力之所在；科技金融是将一种科学技术资本化运作的过程，即科学技术被金融资本孵化为一种财富创造工具的过程；科技金融是一种金融资本有机构成提高的过程，即同质化的金融资本通过科学技术异质化的配置，是一种将无形资产有形化并通过其获取高附加回报的过程。

洪银兴认为，科技金融有特定的领域和功能，是金融资本以科技创新尤其是以创新成果孵化为新技术并创新科技企业和推进高新技术产业化为内容的金融活动。科技金融有其特殊性，在金融体系内有其独特的领域和功能，是金融资本以创新科技的手段，特别是以创新发明、科技成果为代表的新技术推动高新科技产业化发展与科技类企业再创新的一种金融制度。

胡苏迪、蒋伏心将企业生命周期的理论引入科技金融概念中，认为"科技金融贯穿科技创业企业与高新技术产业发展的各个生命周期，科技金融的本质实际上是金融创新与科技创新的高度结合，因此科技金融的发展需要金融发展和科技发展，科技金融是为科技企业提供各项投融资服务的金融机构、金融工具和金融政策的组合"。

李心丹、束兰根在《科技金融——理论与实践》一书中从资源整合的视角，结合了科技金融的实践研究，对科技金融重新进行了定义，将科技金融作为一种金融业态来研究。他们认为"科技金融是金融资源供给者依托政府科技与金融结合的创新平台，通过对创投、保险、证券、担保及其他金融机构等金融资源进行全方位的整合创新，为科技型企业在整个生命周期中提供创新性、高效性、系统性的金融资源配置优化，进而保障企业技术革新有效提升并推动整个高新技术产业链加速发展的一种金融业态"。这一定义充分强调了金融资源供给者的重要作用，也就是资本的力量，也强调了科技金融对科技企业能否快速发展起到的关键促进作用。

汪泉、史先诚认为，"科技金融是以促进科技创新活动为目的，以组织运用金融资本和社会资本投入科技型企业为核心，以定向性、融资性、市场性和商业可持续性为特点的金融活动的总称"。

中国科学技术发展战略研究院的王元在 2014 年中国科技金融年会上提出，科技金融应该作为现有金融体系内的一个重要组成部分，它把金融资源和创新要素更好地结合在了一起，科技金融是一种制度也是一种政策。

四川大学的毛道维也在 2014 年中国科技金融年会上提出了自己对科技金融的理解。他认为科技金融主要包括以下三个方面：制度性金融、商业化金融以及制度性金融和商业化金融相结合。

从以上观点中我们不难看出，虽然不同的学者对科技金融的研究侧重点不尽相同，有以科技创新为侧重点进行研究的，也有以金融创新为侧重点进行研究的，但是不可否认的是，从科技与金融两者关系的角度出发，研究学者的看法大多是一致的，绝大多数人都认为科技与金融之间是相辅相成的，金融产业可以为科技产业提供有力的支撑，科技产业又能带动金融产业的升级，两者的有机结合形成了科技金融的内涵。科技金融并不是简单的"科技＋金融"，即 1+1=2 的模式，而是两个不同领域相互融合、相互依赖、共同发展的一种新型创新模式。科技金融的重点在于科技创新与金融资本的有机结合，科技创新与金融资本同等重要，缺一不可，单纯地将科技金融定义为金融资本促进科技成果转化，或是将科技对金融的促进作用定义为金融科技都是不全面的。科技金融在本质上是科技创新与金融发展相互交流、相互发展的过程，两者的高度耦合助推了科技的不断创新与进步，同时也促进了金融的创新与发展。而无论是哪种定义，毋庸置疑的是，科技金融在现代经济发展中发挥着重要的作用，是经济增长的动力所在。

二、我国科技金融的发展

科技金融实际上是在我国从计划经济体制向社会主义市场经济体制转化的过程中，伴随着我国金融体制改革和科技创新发展而逐渐产生的。从 1978 年改革开放政策实行以来，我国的经济一直保持着较快的增长速度，但是增长的动力主要源于国内劳动力和资源的低成本。这种以依靠大量投入生产要素、增加劳动力为基础的粗放型经济增长方式虽然使我国经济有了快速的增长，但是因为消耗过高，经济效益难以得到大幅度提升，因此最终会制约我国经济的发展。为了突破这种经济瓶颈，我国在 2006 年提出要在 2020 年完成"建成创新型国家"的战略目标，使科学技术的发展成为经济社会发展的强力引擎，加强对科技研发的金融支持，使我国经济由粗放型增长方式向密集型增长方式转变。自主创新的战略被纳入国家战略之后，关于科技金融领域的研究文献出现了较大幅度的增长，"科技金融"一词也在各种论文、公文、报告中开始被广泛和频繁使用。

（一）计划经济改革中的科技与金融（1978—1991）

改革开放初期，我国再次肯定了科学技术是生产力，确定了知识分子是工人阶级的一部分，奠定了解放生产力的基础，对日后的科技发展起到了积极的作用。科技方面，先是恢复了国家科学技术委员会，统一领导全国科研工作，随后陆续颁布了一系列条例、意见、规划，使科技发展逐渐走向了正轨；金融方面，着手搭建新金融体系，分步开放活跃金融市场，建立宏观金融调控体系。随着改革进程的加深，我国逐渐形成了以中国人民银行作为中央银行，四大国有银行（工、农、中、建）为主体，其他银行和金融机构并存和分工合作的多功能、多层次的具有中国特色社会主义的金融机构体系。与此同时，中国的金融市场也得到了初步的发展。

1985 年，《中共中央关于科学技术体制改革的决定》开启了我国科技金融领域的投融资改革的篇章。接下来，专门提供了财政贴息贷款，各金融部门也在开展科学技术信贷业务方面进行了多种形式的摸索，并取得了一定成绩。

（二）经济体制改革中的科技与金融（1992—2005）

1993 年 12 月，国务院发布了《关于金融体制改革的决定》，再次启动了新一轮的金融体制改革。这次改革的内容包含中国人民银行作为中央银行在职能方面的变化、国家专业银行向国有商业银行转变、组建各城乡合作银行、组建几大政策性银行、货币政策体系（包括利率体系）的改革、外汇体制改革等。

随着经济体制改革的不断迈进，科技金融创新在市场经济中也得到了高速发展。1993 年，党的十四届三中全会通过了《中共中央关于建立社会主义市场经济体制若干问题的决定》。这个决定在历史上十分重要，它是社会主义市场经济体制在中国确立的标志。我国开始了全面改革，"国有企业改革""分税制度改革""房地产市场改革""股权分置改革"等一系列改革接踵而至，由此，科技金融慢慢从体制中得以解脱，真正开始了新的发展历程。

1999 年，《中共中央、国务院关于加强技术创新、发展高科技、实现产业化的决定》推动了创业投融资机制的形成，培育了科技金融创新发展的资本市场，科技与金融的有机结合初露端倪，也直接促进了我国高新技术产业的发展，高新技术成果转化的效率也逐年提高。

（三）21 世纪以来科技金融进一步融合（2006 年至今）

我国在 2006 年颁布施行的《国家中长期科学和技术发展规划纲要（2006—2020年）》中提出，计划到 2020 年，中国进入创新型国家行列。中央政府在财政、税收、金融、科技政策等方面为科技金融的发展给予了高度关注和大力支持，全国各地的科技金融中心如雨后春笋般出现，科技与金融不断融合，得到了快速发展，理论成果不断涌现，实践也进一步创新。

进入 21 世纪以来，新科技革命迅猛发展，一切都孕育着新的突破，社会和经济的面貌发生了极大改变。当前，以移动互联网、人工智能等为代表的科技发展让越来越多的人切身感受到了变化，然而这一切都离不开金融的支持，科技金融在今天格外重要。

2012 年，中国第一家真正意义上的科技银行开业——浦发硅谷银行，这家号称中国版硅谷银行的科技银行开门迎客，意味着科技公司获得银行支持不再是问题。随后，四大行及部分城市商业银行均设立了各自独立的科技银行部门为高科技企业服务，这无疑是科技金融创新的一次重要实践活动。

三、研究科技金融的意义

研究科技金融对我国经济社会的发展有着至关重要的作用，具有创新性的实践意义。

（一）科技金融促进科技与金融相互融合

金融是一个国家经济的核心，而科技也被称为是"第一生产力"，两者被比作现代经济增长的"双引擎"，在经济社会发展中的重要性是毋庸置疑的。研究科技金融实际上是研究科技和金融的结合模式或者是融合机制，在厘清科技和金融两者之间关系的基础上，促进科技和金融相互融合，寻找两者有机结合的最佳方式，根本目的是推动高科技产业乃至整个经济的发展。

为了尽快将我国转变成创新型国家，我国出台了一系列的政策措施，制定这些科技金融政策的核心目标就是促进科技和金融的有机结合，而这种有机结合的最终表现形式就是金融机构与科技企业的高度融合。纵观世界经济发展的历史进程，我们不难发现，每一次科技的革新都推动了金融行业飞速发展，而每一次技术的跨越式发展也都离不开金融的支持。美国的硅谷被誉为高科技创新企业的摇篮，这里诞生了许多国际知名的高科技企业。硅谷的成功不仅仅在于技术的领先，还在于金融体系的强有力支撑，特别是这里聚集了众多风险投资公司以及与美国著名的纳斯达克市场的紧密联系。除此之外，如德国、日本、芬兰、韩国等创新型国家无一例外都非常重视金融对科技创新的支持，对研发的投入都占到了GDP（Gross Domestic Product，国内生产总值）的2%以上。而我国在"十四五"规划纲要中提出要在未来五年加大对科技创新研发的投入，2025年将研发的投入增加到GDP的2.5%。这正是科技金融发展的有力政策支撑，也是实现我国由经济大国转变为经济强国的必然选择。

（二）科技金融推动金融体系的完善和革新

研究科技金融的理论可以推动科技金融实践的发展，而促进金融体系的完善和革新主要体现在以下三个方面：首先是金融产品的革新。为了推进科技金融在我国的发展，国家相继出台了《国家中长期科学和技术发展规划纲要（2006—2020年）》《国家创新驱动发展战略纲要》《国家科技成果转化引导基金贷款风险补偿管理暂行办法》等一系列扶持高新技术产业的政策，激励高新技术企业技术创新，鼓励金融机构积极支持中小企业技术创新，发挥金融机构在支持科技企业成长中的作用。而后，北京、上海、福建、广东等地相继出台了相应的指导意见，并与金融机构携手，组建科技银行，推出信贷产品或信贷服务，如科技贷款、科技担保、知识产权质押、科技保险、高科技债券等。不断创新的科技金融产品推进了科技与资本的对接，促进了金融体系对金融产品的不断研发和完善，实现了金融机构的自我增值和可持续发展。同时，科技的创新也降低了金融机构的运营成本。科技的进步可以有效降低金融机构的信息成本，提高金融机构的工作效率。效率的提高意味着成本的降低，这在经济学上实际也是一种创收。降低金融机构或金融部门的信息成本和决策成本，对金融机构或金融部门提高工作效率、经营效率都有着重要的意义。最后，科技的创新也引发了金融机构的变革，催化金融机构开拓新的金融服务领域，使传统的金融机构开始向"虚拟化""无形化"发展。

（三）完善科技金融理论，使理论指导实践

从 1993 年"科技金融"一词第一次出现在文献中，到今天科技金融成为经济理论研究中一个重要领域已有 30 年历史，但是国内学者开展对科技金融的系统性理论研究仅仅有 10 年的时间。近年来，随着国家政策的转变、创新型国家战略的提出，学术界对科技金融的研究热情也不断升温，特别是从 2006 年开始，以科技金融为关键词的研究文献呈现出大幅度的增长态势。分析这种增长现象背后的原因，我们可以归纳出以下三点：①经济发展的现实需求。现代经济的发展依靠技术的革新，而技术的革新大多来自高新技术产业。科技金融理论的丰富和完善是科技创新的有力支撑，因此对科技金融理论的研究刻不容缓。②国家宏观政策的引导和推动。《国家中长期科学和技术发展规划纲要（2006—2020 年）》《金融业发展和改革"十二五"规划》等政策中都明确提出要加快金融业的改革、促进科技创新、转变我国的经济增长方式。而科技金融理论的发展和完善正是加快金融业改革、促进科技创新、转变我国经济增长方式的强有力的助推器，也是同时实现三个目标的良好契合点，抓牢理论的把手才能推动实践的发展。③国外先进实践经验的引领。以美国、德国、日本为代表的创新型国家在科技金融实践方面，特别是在政府引导、风险投资市场、高科技资本市场等方面都已经积累了丰富的经验，相关的理论研究也日臻成熟，国外成功的经验也促使我国开始重视科技金融这一新领域。

研究科技金融的相关理论实际上是为了更好地指导实践。只有对现有的理论和实践进行梳理和整合，通过不断完善和创新才能使科技金融的理论日臻成熟，也只有系统、成熟、完善的理论才能指引出一条科学的实践道路。科技金融是金融学、产业经济学、技术经济学等学科的交叉学科，是一个跨学科、跨专业的领域，因此科技金融的理论研究也有着多元化的研究方向。

不同学者多元化的研究思路也有助于丰富科技金融的理论体系，而丰富的理论体系有助于我国科技金融的创新实践。虽然我国的科技金融一直是实践走在理论之前，但是完善系统的理论研究最终也会反作用于实践，促进实践向着科学、持续的道路发展。

第二节　科技金融的相关理论

一、国外关于科技金融的研究

为了更好地研究国外关于科技金融的相关理论，我们检索了scitech finance、technology finance、science finances、science technology finance 等有关科技金融的不同表达的词汇，但是实际上国外并没有关于上述这些词条的相关解释。也就是说，在国外，对"科技金融"一词并没有一个具体的定义，在理论研究上也没有将科技金融纳入一个独立完整的范畴进行研究。但是，从关于科技与金融的关系、风险投资、R&D（Research and Development，研究与开发）的研究等方面可以看出，国外关于科技金融的研究与中国在内涵上是大体一致的。

（一）约瑟夫·熊彼特（Joseph A. Schumpeter）的创新理论（Creative Destruction）

奥地利经济学家约瑟夫·熊彼特在1912年出版的《经济发展理论》中首次提出了"创新理论"，随后在1939年和1942年分别出版的《经济周期》《资本主义、社会主义和民主主义》两本专著中对创新理论进行了补充和完善，形成了与传统经济理论不同的、以其创新理论为基础的创新经济学理论和经济周期理论体系。随着第三次科技革命的爆发，传统的经济理论已不能适应新的经济现象，因此熊彼特的创新经济学理论得到了认可和发展。

"创新理论"又被称为"创造性破坏"。它的理论起源可以追溯到德国社会学家维尔纳·桑巴特所著的《战争与资本主义》。企业家的创新是经济增长的动力，而创新能够从内部不停地革新经济结构，即不断地破坏旧有的秩序和结构，同时再不断地创造出新的结构，这一过程被称为"创造性破坏"。通过创新，企业家不断创造性地打破旧的市场均衡，而经济增长就是以这种"创造性破坏"为特征的动态竞争的过程。企业家是推动经济增长的长期动力，许多创新都引发了"创造性破坏"，从而产生新市场、新机遇、新的产品或设备、新的财政资源形式等。熊彼特将创新分为五种类型：①新产品的制造；②新的生产方法的运用；③新市场的开辟；④新原料的使用；⑤新的工作组织形态的建立。

后来有学者将这五种类型归纳总结为五个创新，即产品创新、技术创新、市场创新、资源配置创新以及组织创新。技术的进步意味着发现新的工具或者新的方法，而创新则是将这些发明应用到经济生活中。因此，技术进步在经济发展中占据着核心地位。集群的技术进步将带来颠覆性的创新，蒸汽机、集成电路、IT（Information Technology，信息技术）、互联网、纳米技术等发明创造和技术的革新都使经济有了跨越式的发展。而创新之后，经济就会进入一个新的周期——经济增长阶段。

（二）罗伯特·索洛（Robert Solow）的外生经济增长模型

索洛模型，又称为索洛-斯旺模型，是新古典经济学框架中一个重要的经济增长模型，它是由罗伯特·索洛和特雷弗·斯旺（Trevor Swan）在1956年提出来的，主要用于解释固定资本增加对GDP产生的影响。两人分别在《对经济增长理论的一个贡献》和《经济增长和资本累积》中提出了外生经济增长理论，也奠定了新古典经济增长理论的基础。

模型假设：

①该模型假设储蓄全部转化为投资；

②该模型假设投资的边际效益率是递减的，即投资的规模效益是常数；

③该模型修正了哈罗德-多马模型的生产技术假设，从而解决了经济增长率与人口增长率不能自发相等的问题。

模型变量：

①外生变量：人口增长率、技术进步率；

②内生变量：产出增长率、资本增长率。

模型的数学表达：

Y=A×F（K，L）=Ka×（E×L）1-a

人均生产函数的推导：

$$\frac{Y}{L \times E} = \left(\frac{Y}{L \times E} \right)^a \Leftrightarrow y = k^a = f(k)$$

在稳态下，人均投资（由储蓄转化而来）等于投资的折旧和深化：

$$s \times f(k) = (\delta + n + g) \times k \Leftrightarrow s \times f(k) - (\delta + n + g) \times k = 0$$

其中，K 代表资本，L 代表劳动，A 代表技术发展水平，I 代表投资，S 代表储蓄，k 代表备效劳动投入之上的资本密度，s 代表边际储蓄率，n 是人口增长率，g 是科学进步率，δ 代表资本折旧率，y 代表有效劳动投入之上的人均产出。

模型结论：

经济增长的路径是稳定的。长期来说，只有技术进步是经济增长的来源。

索洛模型认为，GDP 的变化是随着人口增长率、资本折旧率和储蓄率的变化而变化的，而技术的进步会在长期情况下带来经济的增长。虽然索洛模型阐释了技术进步在经济增长中起着决定性的作用，但是它将技术进步作为一种外生性的因素来考虑，极大地限制了技术在该模型中的意义。

（三）保罗·罗默（Paul Romer）的内生经济增长理论

内生经济增长理论又被称为新增长理论。它的产生是为了从微观经济学的角度阐释经济增长的决策和过程。在新增长理论产生之前，经济增长理论分为两大派别：以大卫·李嘉图（David Ricardo）为首的古典增长理论，认为经济的发展最终将处于停滞状态；凯恩斯学派和新古典增长理论，认为长期的经济发展来自技术的进步，但是技术的进步是经济增长的外部力量。而新增长理论主要就是针对新古典增长理论特别是索洛模型中把科技进步作为外生变量这一结论而产生的。最早对内生经济增长理论展开研究的是保罗·罗默，他在其 1986 年发表的《收益增长和长期增长》（*Increasing Returns and Long Run Growth*）中提出，人力资本、创新和知识是经济增长的主要贡献者，这也是第一次将科技进步作为内生变量来解释经济长期的增长。随后，罗伯特·卢卡斯（Robert Lucas）、保罗·罗默（Paul M.Romer）等也对这一理论进行了进一步阐释，并逐步掀起了一股研究"新增长理论"的热潮，最终形成了内生经济增长理论。

在内生经济增长理论中，影响经济增长的因素有四个：产出、创新或技术进步、人力资本以及政府政策。如果产出是恒定的，那么投资会促进收益同时推动资本的增长；技术进步被重新定义为经济增长的核心动力，它不再是外生的，而是内生的；人力资本指的是人口的增长、劳动力的健康以及教育；国家政策可以提高生产力的效率，如鼓励研究和开发、刺激投资等。在科技进步内生化的条件下，科技与经济发展紧密地联系起来：储蓄可转化为投资的比率和科技创新效率之间呈正相关，因此，科技创新的程度越高，金融发达程度越高；金融发达程度越高，科技创新的程度也会越高。这也为科技与金融结合的发展奠定了坚实的理论基础。

内生经济增长理论的核心是将技术进步作为内生变量。该模型假设经济增长的根本动力来自技术水平的变化，而技术的进步则取决于知识的进步。因此一个国家是否具有综合实力、是否具有国际影响力主要取决于该国能否在技术上保持优势。

（四）R&D 技术创新理论

格罗斯曼（G.M.Grossman）和赫尔普曼（E.Helpman）在 1991 年出版的《全球经济中的创新与增长》（*Innovation and Growth in the Global Economy*）中提出了横向产品创新这一概念。横向产品创新是指新产品种类的增加，而这类的创新主要是由有前瞻性的企业家有意识地增加产品研发的投资而产生的。产品创新的贡献是为企业家获得了 R&D 前期投入的回报即垄断利润；但是同时，技术的创新者不能独占技术带来的所有收益，因为研发技术成本高，复制技术成本很低，未来的研究者能够用更低的成本进行研发，因此内生技术创新能够持续进行，从而推动生产率和经济的不断增长。

阿吉翁（Aghicm）和豪伊特（Howitt）于 1992 年开创了经济增长的创造性破坏模型，他们引用了熊彼特在 1942 年的创造性破坏理论，即"资本主义经济增长的动力来源于新的消费品、新的生产方式、新的市场"，并把这种思想数学化建立起模型：假设有三种可以交换的物品，劳动、消费品和中间产品。劳动也分为三种：非熟练劳动、熟练劳动以及专业化劳动。通过建模和推导提出了纵向产品创新的概念。纵向产品创新是指产品质量的提高，而经济的增长则是由这种纵向的创新也就是产品质量的不断改进而产生的。企业家在研发产品的时候都是为了让新产品拥有更好的品质，而企业的 R&D 投入是为了在行业内保持技术的领先而获取市场。

横向产品创新的概念和创造性破坏理论都认为，创新产品既可以是消费品也可以是中间产品：如果创新的是消费品，那么它将进入市场；而如果创新的是中间产品，那么这种创新将会使生产部门的生产率得到提高，而这种增长的最终表现形式是产品质量的提高。

（五）金融发展理论（Rnancial Development Theory）

金融发展理论最早于 20 世纪 70 年代提出，代表人物是罗纳德·麦金农（Ronaldl. McKinnon）和爱德华·肖（Edward.S.Shaw）。两人分别在其 1973 年出版的著作《经济发展中的货币与资本》和《经济发展中的金融深化》中提出了"金融抑制"（Financial Repression）和"金融深化"（Financial Deepening）理论，肯定了金融发展在经济增长中起到的作用，奠定了金融发展理论的基础。

"金融抑制"是指，因为发展中国家对利率和汇率有着种种限制和严格管制，导致利率和汇率不能真实地反映出市场中资金和外汇的供求关系，造成了利率和汇率的价格扭曲。在这种金融抑制之下，因为利率不能反映出市场的实际需求，银行也不能够依据市场的风险来决定贷款的利率，导致了资本市场的效率大大降低，限制了投资，最终会抑制经济的增长。

"金融深化"是指政府不再对金融市场进行过度的干预，确定一个合理的利率水平，放松对汇率的管制，让利率和汇率能够真实地反映市场中资金的供求关系以及外汇的供需变化，从而促进储蓄和投资，拉动经济的持续增长。

根据罗纳德·麦金农和爱德华·肖的研究可以得出，金融体系可以通过两个渠道促进经济的发展，即资本的累积和技术的投资。金融促进技术创新的渠道主要是通过投资，为研发新产品的企业提供资金。因为金融发展理论可以：

1. 动员储蓄

能够真实反映市场资金供求关系的利率和汇率有利于动员储蓄和积累资本，为技术的创新提供融资渠道。麦金农曾提出投资和技术创新不可分割的理论，强调金融在企业技术创新方面起着重要的作用，因此动员储蓄可以促进技术的创新。

2. 降低信息成本

在"金融抑制"的理论下，利率和汇率发生了价值扭曲，不能反映真实的资金供求关系，因此，投资者难以做出正确的投资判断，信息获取的成本较高。而"金融深化"

理论的提出克服了这一缺陷，降低了信息成本，使投资者可以通过市场做出价值判断，提供资金给最具有创新能力的企业。

3. 金融体系分化创新风险

科技的创新常常伴随着高风险，未来收益不稳定。金融市场可以通过投资组合的方式减小和分化创新所带来的风险，金融的流动性也为投资者变现投资项目提供了便利的渠道，促进技术的创新发展。

（六）企业生命周期理论

金融对企业的支持主要通过融资手段，而融资分为股权融资和债权融资两种形式。企业的成长阶段不同，对资金的需求也不同，特别是科技型中小企业，处于不同的成长阶段，对股权融资或是债券融资两种融资形式的需求也不相同。基于这个原因，国外的学者提出了企业生命周期理论，对企业融资方式进行了研究。

早在 1960 年以前，就已经有学者开始研究生命周期理论。梅森·海尔瑞（Mason Haire）首先提出将生物学中的"生命周期"运用到企业中，认为企业的发展也符合生物学中的成长曲线，可以分为种子期、创业期、初步发展期、高速发展期和成熟期。这一发现得到了理论界学者的广泛认可，从 20 世纪 60 年代开始，学者们开始更系统、深入地研究企业生命周期理论，主要的代表人物是歌德纳（J.W.Gardener）和斯坦梅茨（Steinmetz L.L.）。而"企业生命周期理论"真正的创立者应该是美国当代著名的管理学家伊查克·爱迪思（Ichak Adizes），在其著作《企业生命周期》中，爱迪思将企业的生命周期分为 10 个阶段，即孕育期、婴儿期、学步期、青春期、盛年期前期、盛年期后期、贵族期、官僚初期、官僚期和死亡期，如图 1-1 所示。

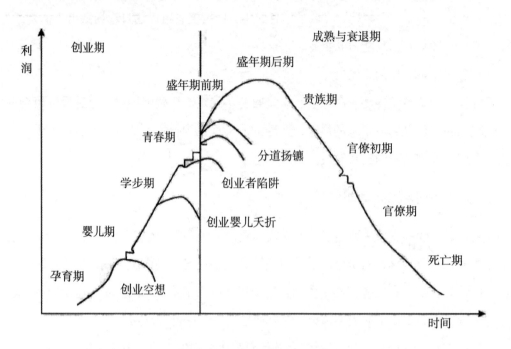

图1-1 企业生命周期的10个阶段

在这一时期，国外学者对企业生命周期理论的研究已经比较深入和完善了，然而上述学者仅仅是通过企业在不同时期表现出的经营特征来划分企业所处的成长阶段，可以说只是统筹性地以阶段划分为目的而进行的企业成长周期研究，既没有针对企业的资金需求进行研究，也没有对不同企业进行分类研究。

1982年，加尔布雷斯（Galbraith）首次提出科技型企业生命周期模型，研究科技型中小企业在其生命周期的不同阶段所面临的不同风险以及不同的资金需求。他将科技型企业的成长周期分为6个阶段，即原始证明阶段（proof-of-principle stage）、原型阶段（prototype stage）、模型工厂阶段（model-shop stage）、启动阶段（start-up stage）、自然成长阶段（naturalgrowth stage）和战略动机阶段（strategic-maneuvering stage）。在整个企业生命周期里，技术创新都是科技型中小企业关注的重点，都需要外部的相关支持，这包括政策支持和资金支持。1998年，伯杰和尤德尔（Berger，Udell）将"信息不对称"理论引入"企业生命周期理论"，使"企业生命周期理论"得到了进一步的深化和完善。伯杰和尤德尔认为科技型中小企业在企业生命周期的初期存在着较大的信息不对称，这类企业大多依赖于内源性融资、贸易信贷或者VC（风险投资）融资。而当企业发展到一定规模，企业获取资金的方式也有了改变，逐步由内源性融资向外源性融资转变（包括银行、金融公司的债务融资等间接融资）。最后，随着企业的逐步成长，企业也有机会从资本市场获取资金。

2005年，格利高里（Gregory）等运用实证检验的方式对大型企业和中小企业的融资方式进行了分类研究，得出中小企业在其生命成长周期的初期或早期阶段倾向于内源性融资方式，而大型企业在此阶段则更倾向于长期债务融资和股权融资。

（七）金融体系与技术创新关系的研究

金和莱文（King R.，Levine）为了研究金融体系与技术创新活动之间的关系，创建了一个内生性增长的基础模型，通过该模型，金和莱文揭示出金融体系为技术创新活动提供了四种服务：①评估企业家：金融体系能够遴选出最具有前途的企业家；②筹集资金：金融体系可以为技术创新活动提供所需资金；③分散风险：金融体系的存在可以为投资者分散因技术创新活动带来的不确定风险；④评估预期收益：金融体系可以揭示技术创新的潜在收益。金和莱文指出产出的增加促使企业家从事技术创新活动，而技术创新活动的目的是获得更多的利润。因此，金融和技术创新的结合是促进经济增长的主要原因，一个先进的金融体系可以为技术创新活动提供优质的服务，可以扩大技术创新的范围，提高技术创新的效率，从而促进经济的增长。

基达因（Tadasse）还对不同导向型金融体系对科技创新的促进程度进行了比较分析，得出银行导向型的金融体系和市场导向型的金融体系对促进技术创新方面的作用是不同的。当金融部门不够发达时，银行导向型的金融体系更有利于促进科技创新活动；而当金融部门足够发达时，市场导向型金融体系更有利于科技创新活动的发展。

二、国内关于科技金融的理论

（一）科技与金融关系研究

孔祥毅认为，高新技术产业迅猛发展、技术更新速度加快和金融业渗透到各个层面、对经济的作用日趋明显是现代经济的两大特征。二者是新经济发展的两大支柱。然而科技和金融并不是互相独立的存在，科技如果没有金融的配合，创新活动很难得到充足的资金支持，创业的风险也无法得到分散，科技转化为生产力的效率也很难得到提高；反之，金融业如果没有技术的支撑，也会影响金融运行的效率，起不到优化资源配置的作用，也无法有效促进经济的发展。因此，金融和科技是密不可分的，两者合力才能促进经济可持续发展。

田霖为了反映金融业发展和高科技产业发展的关系，利用公式 FIR=（S+L）/Y 来计算金融业发展对高科技产业的作用。其中，FIR 代表了金融相关比率，也就是金融业发展的水平指标，S 代表存款，L 代表贷款，Y 代表了高科技产业的增加值，也就是高科技产业发展的水平指标。田霖通过对 2002—2005 年我国各省（市、区）的平均数据进行分析，得出金融相关比率和高科技产业发展水平之间的关系为 Y=11.23+0.69FIR，也就是说金融业相关比率每增加一个百分点，高科技产业的产值将会增加 0.69 个百分点，高科技产业的产值每增加一个百分点，金融业相关比率也会随之增加。因此，我们可以得出结论：金融业和科技产业之间的关系是正相关的。两者是互相促进的，金融业的发展可以促进高新技术产业的发展，高新技术产业的发展也同样会推动金融业的不断进步。

克劳斯·诺伊斯（Klaus Neusser）和莫里斯·库格勒（Maurice Kugler）建立了一个很有价值的研究模型，将科技进步和金融发展的关系进行了分析。在该模型中，科技进步这一变量的代表是制造业的增加值，而金融发展的变量则代表金融业的 GDP，通过由这两个变量建立的 VAK（视听动模型）模型对两者的关系进行了分析。明明以此模型为参考，结合我国的实际情况，对我国金融发展和科技进步关系进行了研究。

通过模型比较研究，明明指出金融发展对科技进步的促进作用是明显的。但是不同类型的金融机构对科技进步的作用大小是不同的：

①证券公司、信托公司和私募风投对科技进步没有明显的促进作用；

②商业银行和基金公司对科技进步的推动作用为负；

③保险公司对科技进步的促进作用显著。

除此之外，巴曙松、胡志强、孟宪昌、陈柳钦等人也都对科技产业发展和金融业的关系进行了研究，而大多数学者对金融支持高新技术产业发展的促进作用都已经基本达成共识。金融业可以通过对高科技产业的推动，带动其他产业发展；科技进步可以通过金融业的投资引导和风险分散作用，促进产业结构升级，推动经济增长。金融与科技之间具有高度显著的相关关系，这符合经济理论，也符合我国现有经济发展的国情。

（二）科技型企业融资方式研究

金融业的发展对科技产业具有促进作用，科技型企业的健康成长也依赖于金融资源的合理配置。而在不同发展阶段的企业对资金的需求是不同的，因此，我们有必要研究在不同成长阶段的科技型企业的融资方式和融资需求。国内很多学者就这一问题展开了研究，通过从金融资源的合理匹配角度入手，对高新技术企业在不同的企业生命周期中面临的不同资金需求进行了比较和分析。徐岚提出，高科技企业对资本的需求贯穿于企业的整个生命周期，但是处于不同成长阶段的企业对金融投资方式的选择不同。高科技企业的发展需要融资，而融资包括股权融资和债权融资。科技产业化是科技转变为生产力的过程，而这个过程能否成功，关键在于是否有合理的金融资源配置。处于不同成长阶段的科技型企业面临的风险和资金需求是不同的，详情见表1-1。

表1-1　不同成长阶段的科技型企业面临的风险和资金需求

成长阶段	风险	资金需求
种子期	技术失败的风险	大多使用自有资金，对投资的需求较小
创业期	较大市场风险（人员、设备、推销等费用昂贵）	金融需求显著增加
成长期	财务风险加大，投资回报不确定	金融需求最高的阶段
成熟期	风险较小	资金需求趋于缓和

通过数据分析，徐岚得出结论，在企业发展的种子期，股权投资相对较少，而到了创业期和成长期，股权投资开始增多。一般来说，只有高科技产业具有了一定的资产，外部金融机构才愿意为企业提供融资，也就是说要经过早期的发展阶段，企业才能获得债权融资。但是，大多数科技企业在创业初期，内部主要投资人都会进行财产担保，因此高科技企业在种子期也可以获得相当的债券融资。

于团叶、陈翩翩、宋小满分析了企业在不同生命周期状态下股权属性、股权集中度和股权制衡度等因素与企业经济价值的关系，得出成长期高股权集中度、成熟期较高的股权集中度对企业的绩效提高有积极作用的结论。张诚等通过建模分析得出，对科技型中小企业来说，大部分成长阶段都以风险投资为最佳选择，而在企业创业初期也就是种子期，创业投资基金是最好的选择。高松、王娜等也针对科技型企业在生命周期的不同阶段面临的融资需求及融资策略选择进行了详细阐述和总结。

（三）科技与金融结合模式研究

陈涤非认为，科技为金融的发展提供了技术支持，金融为科技的发展提供了资金支持，科技和金融的良性互动实现了两者的共同发展。通过对两者关系的总结，陈涤非提出：促进科技与金融的结合，需要充分运用科技成果，推动金融业实现现代化；要大力发展风险投资，增加科技创新的投入；引导政策性和商业性贷款，促进科技创新企业的发展。

宋彧、莫宏宇在其《科技与金融结合模式比较研究》（2005）一文中提出了从宏观经济学的角度分析科技与金融结合的运作模式。根据金融体系的类型以及科技管理体制的类型，宋彧、莫宏宇将科技金融结合机制分成了六种模型：基于法律的金融体系与多元分散型管理体制并存（Ⅰ型模型）、基于法律的金融体系与集中协调型管理体制并存（Ⅱ型模型）、基于法律的金融体系与高度集中型科技体制并存（Ⅲ型模型）、基于关系的金融体系与多元分散型管理体制并存（Ⅳ型模型）、基于关系的金融体系与高度集中型科技体制并存（Ⅴ型模型）和基于关系的金融体系与多元分散型管理体制并存（Ⅵ型模型）。

Ⅰ型模型、Ⅴ型模型、Ⅵ型模型是比较典型的类型，具有高度代表性，因此宋彧和莫宏宇着重将这三个类型进行了比较分析（见表1-2）。其中，Ⅰ型的代表国家是美国和英国，Ⅴ型的代表国家是日本和德国，Ⅵ型的代表国家是中国等发展中国家。

表1-2　科技与金融结合模式比较分析

差异项	模型类型		
	Ⅰ型模型	Ⅴ型模型	Ⅵ型模型
R&D经费来源及分配	①R&D经费主要来源于企业 ②市场机制作用较强 ③R&D经费主要用于产业领域	同Ⅰ型	①R&D经费主要来源于政府 ②市场机制作用较弱 ③R&D经费流向较为分散
银行参与形式	银行以政府担保的形式参与科技活动	银行直接参与科技活动	同Ⅴ型

差异项	模型类型		
	Ⅰ型模型	Ⅴ型模型	Ⅵ型模型
风险投资运作模式	①以私营投资为主体，准政府投资机构并存 ②主要集中于高科技领域，如信息产业、生物制品等 ③投资主要集中在新创企业的创建期和成熟期	①以大公司、大银团为主体，私人风险投资较少 ②对高新技术产业的风险投资比例不高，投资对象较为狭窄 ③投资主要集中在创业企业的后期	①政府利用提高财政投入以及科技三项费用创建风险投资公司两种方式直接参与风险投资 ②对高新技术产业投资比例较小，投资对象较为集中 ③投资主要集中在创业企业的创业期和成长期
投资技术领域	科技活动资金主要来源于证券市场，对高新技术产业发展支持较大	科技活动资金主要来自金融机构，对高新技术产业发展支持不足	科技活动资金主要来自政府和企业自有资金，对高新技术产业发展支持困难

李颖认为以往对科技金融的研究都侧重于分析科技创新与金融产业的关系，而忽略了研究科技与金融的结合机制。李颖认为，科技与金融的结合机制分为初端、中端和高端三个层次，也代表了科技与金融结合的三个阶段，这也是二者结合逐步完善的过程。

科技产业与金融产业结合的初端路径是一个闭合循环回路（见图1-2）。在这一闭合循环回路中，企业通过从金融机构获取资金实现科技创新，并对金融机构回报利息；金融业通过购买科技创新产品提高自身效率，科技和金融在这一闭环回路中实现共同发展。

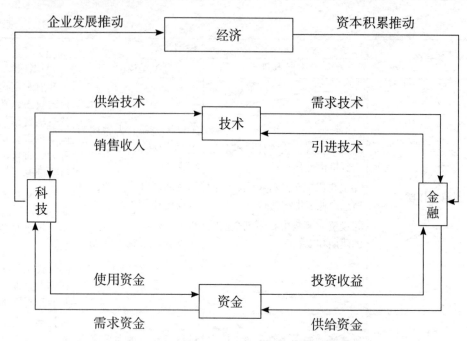

图1-2 科技产业与金融产业结合的初端路径

科技产业与金融产业结合的中端路径是一个开放的循环回路（见图1-3），之所以称之为开放的回路，是因为科技产业和金融产业不再是分别为对方提供所需要的技术和资金，而转变为由科技产业提供的技术和由金融产业提供的资金共同构成一个结合体，两者的边界渐渐模糊，形成一个同时满足技术和资金的科技金融综合体。

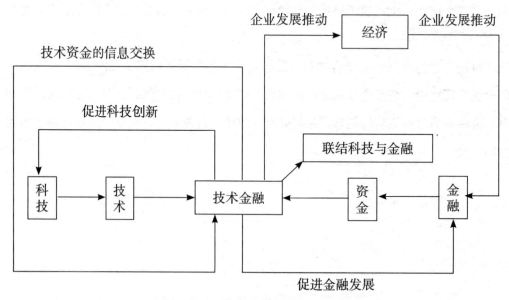

图1-3 科技产业与金融产业结合的中端路径

而科技产业与金融产业结合的高端路径就是科技金融一体化（见图1-4）。这种高端的结合路径可以实现科技产业与金融产业零距离的接触，也是集约型科技创新和规模化金融资源高效结合的表现。科技与金融融为一体，高度耦合。

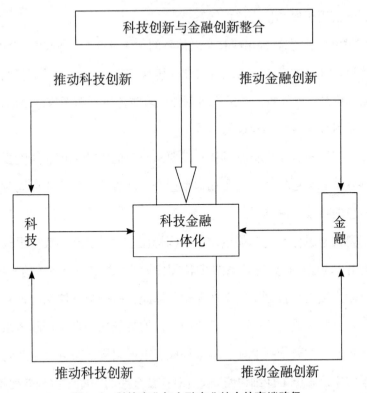

图1-4　科技产业与金融产业结合的高端路径

宗编通过盘点全国首批科技金融试点的实践，总结出我国目前科技金融有四种模式："提前培育＋先行研究"的模式、"引导基金＋担保公司"模式、"金融超市＋银企对接"模式以及"大胆探索＋担保平台"模式。

陆燕春、朋振江认为，根据国外科技金融运行机制的不同，可以将科技金融模式分为四类：政府主导型、银行主导型、资本市场主导型以及民间主导型。并提出，科技金融模式的形成，不仅仅与国家体制、经济政策因素相关，还要结合各地区不同的经济发展情况。因此，科技金融模式的建立存在地区差异是正常的，只有结合本地实际，才能建设出符合当地科技金融发展的科学模式。

（四）科技金融体系研究

科技金融发展的关键在于科技金融体系的建设。

郭建国、孔凡娜通过阐述国外科技金融体系建设的特点和功能，指出我国科技金融体系存在的缺点和不足，并通过借鉴国外科技金融体系建设的优点和经验对我国科技金融体系建设给予了建议：要加快组建各种形式的风险投资，建立多方面的融资渠道，完善我国的信用担保和信用评估体系。

肖泽磊、韩顺法、易志高提出科技金融体系的主体有四个，即政府、金融服务机构、中介服务机构以及高技术企业。由政府引导，其他三方共同参与，同时配套引导机制、协作机制、激励机制、责任机制等运作机制和风险防范机制而形成的市场化、多渠道、高效率的体系是科技金融体系建设的实质。

杨茜指出，我国科技金融体系的构建需要从政府的支持力度、风险投资机制、商业银行的金融支持和多层次的资本市场体系四个方面着手。四个方面同时运作才能形成具有中国特色的科技金融体系。

徐义国对科技金融体系的功能定位、架构特征、主导机制和实施手段都进行了详细说明。他指出，构建科技金融体系的基本原则应该是创立一个高效的科技创新体系，并结合一切金融力量将科技创新实现产业化。因此，科技金融体系应该要有一个长期的发展目标，以投资机制为主导、多元化中介机构为依托的自主创新体系。此外，徐义国还从指导思想、主要依托载体、资金构成、市场架构、服务对象及内容等方面对科技金融体系的建设做出了详细说明。通过对科技金融的功能定位和架构特征的阐述，徐义国提出，在科技金融体系的建设过程中，要借助国家现有的金融资源和政策资源，为科技金融体系建设创立一个良好的环境，还要根据各地的具体情况，制定符合区域发展的配套措施，促进科技金融体系的建设。

辜胜阻、曹誉波、杨威提出要建立多层次的科技金融体系来支持科技型企业的发展：要积极推动"新三板"（全国中小企业股份转让系统）扩容，优化创业板和中小板，构建多层次的资本市场；完善"天使投资、风险投资、股权投资"的融资体系；吸引海外投资，推进债券市场发展，壮大创业投资的投融资链条。

（五）科技金融一体化理论

李建伟在 2005 年率先提出了"科技金融一体化"这一概念，他认为，随着社会经济的发展，科技与金融的发展日益紧密，形成了相互依存、相互促进、融合发展的局面，而这就是科技金融一体化。

李建、马亚等人通过对现代经济的分析，提出了科技金融一体化理论，即科技与金融不分彼此，融合为一个有机的整体。他们提出，科技金融一体化具有两大特征：一是科技与金融结合的成本极大缩小，二是科技与金融由自发结合转变为自觉结合。

科技金融一体化可以消除科技与金融结合的各种障碍，能极大地降低科技与金融结合的成本，各类金融资源和技术资源都能在市场机制的配置下高效地发挥其系统功能。当科技金融一体化发展到一定程度后，信息不对称的现象大为减少，关联交易极为畅通，科技与金融之间的资源配置成本趋近于零，产权的统一使科技资源与金融资源得到充分融合，科技创新项目拥有足够的资金支持，而金融发展项目也拥有足够的科技支撑。

此外，科技与金融由自发结合渐渐演变为自觉结合。在利益的驱动下，企业和金融机构逐渐意识到，要想更高效、更长久地发展就必须从根本上解决技术与资本的不平衡发展问题，而只有将科技与金融有效地结合起来才能消除这个障碍。科技金融一体化正是这种思想下的产物，虽然所有的企业和金融机构都是利己的，但在博弈之下，科技金融一体化是最好的选择，这极大地促进了科技与金融的高度耦合，使两者融为一体。二者的结合使科技创新的效率可以极大提高，金融体系长久发展，最终可以促进经济的发展。

第二章　科技金融创新

第一节　科技金融创新的背景和意义

2016 年 1 月 15 日，国务院印发的《推进普惠金融发展规划（2016—2020 年）》中明确指出要"提升金融机构科技运用水平""鼓励金融机构运用大数据、云计算等新兴信息技术，打造互联网金融服务平台，为客户提供信息、资金、产品等全方位金融服务"。

智慧化技术的发展是一场方兴未艾的科技革命，金融业以其在信息经济学中占据的主导地位，在这场革命中彰显出强大的创造性巨变势能，依托智慧化技术提供的不断提升的运算分析能力和专注的网络化合作，对传统金融进行解构与重构，为供需双方营造和谐互动的平台和空间，将创新性思维嵌入金融服务设计，使金融服务更加智慧化、人性化和透明可视化。

智慧银行是传统银行和网络银行发展的高级阶段，是银行企业以智慧化手段和创新思维模式来审视自身和客户需求，塑造新产品、新服务、新运营模式、新业务模式，达到加强客户管理、降低运营成本、提高营销绩效、提升客户体验的目的。

近年来，智慧银行如雨后春笋般在全国各地蓬勃发展。2015 年 6 月 26 日，位于长春市生态大街的吉林九台农商银行旗舰店（净月支行）正式投入使用。智能预处理系统使客户可以在家里、单位或路上通过微信银行进行预填单和预约排队，提高了交易速度和服务效率；人脸识别、微信客户导游系统，实时发现与追踪客户的行为及偏好，便于银行人员及时跟进和快速响应；智能机器人、移动金融体验机、体感互动追踪屏等智能设备，提升客户体验；智能半自助柜台、VTM（远程视频银行）等，使业务处理模式扩展出"线上虚拟、远程视频"等形式；体感互动橱窗、金融超市、智能互动营销桌、贵金属展示柜、虚拟迎宾等高端先进智能设备，通过互动交流方式，传递银行理念形象，推送银行产品信息，创造营销机会；远程专家理财系统使客户可以直接对话国内外一流的金融、理财专家，零距离地学习咨询，探讨研究理财业务知识、分析方法和投资技巧；智能营销互动桌，将量身定制的理财方案直接推送到客户的手机、客户经理的平板电脑上，为客户提供线上线下交互协同化、金融与生活跨界融合化的全渠道、全覆盖综合服务。

吉林九台农商银行科技银行旗舰店的建成和投入使用是近年来全国各大金融机构智慧网点建设的缩影。早在 2013 年年底，光大银行就在武汉推出了"智能银行"中心。2014 年 10 月，中国银行天津分行宣布，与 IBM（国际商业机器公司）合作的"智能化"网点对外提供服务。中国农业银行也推出了类似的"超级柜台"网点转型升级方案。2014 年 12 月 26 日，北京银行宣布启动该行首家"智能银行"。中国建设银行在北京、上海等地的 11 家智慧银行于 2015 年 1 月 28 日统一开业。中国银行北京地区首家智慧银行旗舰店西单支行于 2015 年 1 月正式营业。2015 年 2 月，平安银行广州地区智能旗舰店隆重开业。据统计，目前包括中国工商银行、中国建设银行、中国银行、中国农业银行、光大银行、广发银行、平安银行、浦发银行、交通银行、北京银行、华夏银行、兴业银行等在内的多家银行已经或正在建设智能网点，智能网点的建设进入"白热化"状态。

智慧银行将物联网、云计算、大数据等最新智慧化技术应用于银行网点的金融科技创新，涉及内部布局、业务流程、服务方式、IT 管理系统等诸多方面，带给客户智能化、全方位、高效率的耳目一新的服务体验。

第二节　科技金融创新的可行性

一、科技金融创新的技术可行性

现代服务业以信息网络技术为主要支撑，建立在新的商业模式、服务方式和管理方法上，具有泛在化、虚拟化、移动化和连通化等特征。金融业作为现代服务业的重要组成部分，在智慧化发展浪潮中，其根本的推动性技术包括以下几个方面。

（一）物联网技术（Internet of Things）

物联网技术是当今炙手可热的技术，伴随着移动互联网的飞速发展，智能手机的迅速普及正带领我们进入物联网世界。除此以外，各类家电、可穿戴设备、视频监控设备等嵌入传感器和微型芯片的智能设备大规模接入互联网，万物实现互联互通，由此带来人类生产生活方式和经济结构的重大变革。

物联网即物物相连的网络，是通过无线射频识别技术（RFID）、红外感应器、全球定位系统、激光扫描器等信息传感设备，按约定的协议，将任何物品与互联网相连接，进行信息交换和通信，以实现智能化识别、定位、追踪、监控和管理的网络。它区别于传统互联网中用户主动访问网站，发生信息交互，从而使网站获取用户行为信息的方式。物联网对用户的信息收集，可能发生在用户尚未意识到的情况下，使物体脱离了用户的主动行为，自动获得了感知与被感知的能力，从而使物理世界与网络虚拟世界发生了互联互通。

物联网的三层逻辑架构包括感知层、网络层和应用层。感知层负责信息采集，利用 RFID 标签、各类传感器和智能终端等采集数据；网络层负责信息传输，伴随着互联网、移动通信和云计算等技术的应用和普及，网络信息传输也变得越来越迅捷；应用层方面，覆盖了智能交通、智慧银行、智能家居、智慧城市、物流监控、远程医疗、可穿戴设备等众多垂直应用领域。

物联网技术在改变人类生产生活方式的同时，也催生了与之相适应的金融模式，智能手机等终端设备的发展，降低了金融服务的门槛，降低了运营成本，提高了经营效率。与此同时，物联网产业的蓬勃发展也为金融服务提供了新的增长点。

（二）云计算技术（Cloud Computing）

云计算技术也是国内外理论界和实务界耳熟能详的热词，伴随着互联网和移动互联技术的迅猛发展，"三网融合"和自媒体时代到来，用户能够在任何时间、任何地点进行多媒体访问和互动体验，这些非传统结构化数据对 IT 处理方式提出了新的要求。同时，随着 IT 产品升级为 IT 服务，越来越多的企业享受着业务外包服务，利用云计算构建的绿色数据平台，进一步降低了 IT 运营成本，提高了资源利用率。

云计算是指相关在线服务的增加、使用和交付模式，通常通过互联网来提供动态的、易扩展的、虚拟化的资源，使用户能够按需从互联网上获取计算力、存储空间和信息服务，具有超大规模、虚拟化、高可靠性、通用性、高可伸缩性和按需服务等特点，因其运算量巨大、边界模糊和可伸缩扩展等属性与"云"类似而得名。云计算的服务形式包括三种，分别是基础设施即服务（IaaS）、平台即服务（PaaS）和软件即服务（SaaS）。

金融企业可以利用私有云，通过虚拟化的方式，为下属企业提供 IT 服务。在保证信息安全以及隐私的基础上，金融机构也可以借助云平台使用高成本、同质化、非核心的外围系统或基础服务，实现业务外包，将自己更多的资源集中于核心金融系统开发和业务创新之中。调研表明，有 15.5% 的金融企业已经尝试基于云计算平台的技术开发、业务处理以及战略部署，40% 左右的金融企业也计划在近期"上云"。

（三）大数据技术（Big Data）

大数据，顾名思义是指体量特别大、数据类别特别多的数据集，这些数据集在可承受的时间范围内，无法利用传统的数据分析处理技术对其全部内容进行抓取、管理和处理。大数据具有"5V"特点：体量大（Volume）、处理速度快（Velocity）、数据类别大（Variety）、数据真实性高（Veracity）和数据有价值（Value）。

严格来说，大数据并不是一个新名词，早在 20 世纪 90 年代，数据库、数据仓库、数据集市等数据处理技术蓬勃发展之时，大数据就是其致力解决的目标。近年来伴随着移动设备、RFID、无线传感器的广泛应用，无所不在、无时无刻不在产生的大量数据对数据处理技术的实时性、实效性、决策力与洞察力提出了更高要求。从技术上看，大数据技术与云计算技术就像一枚硬币的正反两面一样相傍相依、密不可分。大数据技术的特色在于基于云计算平台的分布式数据处理、分布式云存储和虚拟化技术，对数据进行分布式数据挖掘。

金融行业是大数据的重要产生者、资深应用者和价值潜力股。各种交易报告、业绩报告、消费研究报告、官方统计数据、报价等无一不是大数据的来源；金融创新、发展模式转型和管理升级都需要大数据提供决策支持；银行、证券、保险、小贷、征信等传统和新兴金融领域，正在兴起一场基于大数据的创新和革命，也造就了一大批大数据服务提供商，大数据技术的发展助推金融行业进行转型和创新。

二、科技金融创新的壁垒和误区

移动通信和数字化趋势不仅为人们生活提供了便捷，也更新着人们的思维方式。在传统金融机构面临互联网金融挑战之际，金融网点的智慧化改造成为一种趋势，各大银行争先恐后，纷纷效仿，其中难免会遇到一些壁垒和误区。

（一）金融网点智慧化不等同于智能设备改造，需内外兼修

很多国内金融网点在智慧化改造和升级过程中不惜斥巨资打造智慧化装备，其先进程度甚至已经达到世界级水平，但在业务处理和客户服务流程的提升上却远远没有同步，忽视了客户的实际需求，智能化设备使用户望而却步，使用率不高，造成资源浪费。相对国外金融机构智能网点成熟的客户群和管理经验而言，国内金融网点智慧化还只处于起步阶段。认为金融网点硬件完成一部分智能化改造，使用了某些智能设备，或者将业务迁移到网络渠道就是实现了金融服务智能化是片面的。金融网点智慧化的核心是客户。如何将在智慧化技术设备上的投入提升为客户服务模式和业务处理流程的改进，改善客户体验，实现渠道融合，拆除客户传统习惯和智慧化设备应用之间的藩篱才是真正实现了金融服务智慧化。

（二）金融网点智慧化不能盲目跟风，需要量力而行

一些金融网点缺乏对智慧化投资的合理规划，大量引入了不必要的智慧化设备，结果造成为了智慧化而智慧化，背离了智慧化的初衷。一方面，智慧化投资一定要分析自身业务定位和客户群结构和业务，避免盲目跟风。例如，如果为了改善高端客户体验，加装了大量智慧化设备，但忽略了高端客户很少"泡网点"的事实，他们来网点更多是为了与客户经理之间进行面对面的直接沟通，大量智慧化设备的引入，反倒牺牲了客户的时间，忽略了客户的需求。另一方面，金融网点的智慧化改造也要与内部体系的流程整合在一起，尤其对中小金融网点，把智能化改造的着力点放在内部流程整合和提高效率上，比盲目地进行智慧化设备改造更为重要。

（三）金融网点智慧化不能仅凭单点突破，需要渠道整合

目前，很多金融机构的智慧化只满足于个别网点单点取胜，没有进行统筹和整合。相比较而言，国外金融机构在智能化方面更注重分析客户群，在全行普及服务，而不

是单点尝试。单个网点服务半径小，无法满足不同客户的多重需求。在银行 3.0 时代，客户获取金融产品服务信息的渠道和来源十分广泛，不再限于金融网点内部，因而金融网点必须能够满足客户超出基础服务以外的更复杂的需求，实现业务流程的整合、金融网点内部外部的整合、人与智慧化设备的整合、客户与银行的整合等。只有充分发挥多网点综合化的服务能力，才能提高金融服务附加值，扬长避短，在竞争中保持优势。

第三节　金融服务智慧化发展趋势

一、泛金融服务化和跨界银行

金融服务智慧化的根本是更新服务理念和改进业务流程，促进金融网点从单纯的"交易处理型"转变为综合的"营销服务型"，发挥其能够提供一站式服务的特点，以满足客户综合的金融需求为目标，扬网点综合化服务能力之"长"，避网点成本高、服务半径小之"短"。未来金融服务必将突破传统服务的边界，从跨界和交叉领域挖掘更多的利润增长点，在智慧化基础上加载更多"泛金融"的服务功能，使银行服务无所不在、无所不包，可以说，银行的跨界经营时代已经来临。金融服务网点基于移动媒介、数据经验和专业服务支持，挖掘不同工作领域、环境和喜好的客户群所拥有的共性消费特征，对其进行渗透、融合与延展，通过产品、渠道、支付等服务手段的合作和经营，搭建产品、交易和支付的平台，构建广泛合作的伙伴关系，以赢取目标消费者好感为目标，从而实现市场和利润的最大化。

例如，可以将金融产品或交易融入客户日常生活，将购房和房贷销售结合，将旅游和汽车 4S 店销售结合。目前，一些银行已经开始推出类似的金融服务。例如：建设银行的"E 商贸通"是以大宗商品、物流、电子商务、零售批发等平台型客户为服务对象，为商户、会员提供资金结算、账户管理、托管、信贷资金监管等服务；中信银行与百度公司合作推出中信百度贴吧认同信用卡，在百度贴吧推出"3D 金融服务大厅"，百度为中信银行提供互联网平台管理、信息发布、开发运营、营销推广、后台数据监管等功能支持。

二、智能多渠道型银行

金融机构的多渠道经营策略主要是指将人工网点、ATM（自动取款机）、网上银行、手机银行、电话银行、社交网络等不同经营渠道进行整合与无缝衔接，借助智慧化的客户关系和业务管理系统，实现跨渠道的客户和业务信息的无缝衔接，实现即时的共享与传送。多渠道经营策略的优势在于客户的业务触发点可能是任何一个渠道，客户业务申请一经提出，可以根据需求，选择最便捷的渠道完成后续流程。多渠道经营策略打破传统银行服务的时空限制，客户可随时随地发出业务请求，通过不同渠道的整合，金融机构可以第一时间响应，启动业务流程。

同时，银行也可以获取客户完整统一的视图，便于挖掘客户的历史交易和习惯渠道，根据其喜好为不同客户定制个性化的营销方案，提高营销成功率，也提升客户体验。多渠道经营策略促进传统金融网点更新业务功能和经营模式，从满足客户综合需求的一站式服务中心，升级为多渠道业务体系的有机组成部分。随着传统金融网点的日常业务被网银、手机银行等电子渠道分流，网点可以将服务类型更多集中在与客户进行资产管理、顾问咨询等面对面的沟通业务上，满足客户个性化、复杂的金融需求；相应地，物理网点的规模可逐步缩小，网点布局和功能搭配因地制宜、形式多样。

例如：可以在高科技普及区域和客户聚集区保留全功能旗舰网点；在大存款规模的工商业区设置微型店内网点，增设ATM；在小企业聚集区，配备更多客户经理和贷款专员，设置更多的大额交易自助服务亭等。

三、社交参与型银行

社交金融是通过互联网在社交信任的基础上构建的金融新模式，兼具人际交往与资金融通的双重功能。一方面，朋友圈的成员通过社交活动和信任关系互通信息，实现极快速、高额度、低成本的金融交易；另一方面，信息交流和资金往来也筛选和强化了朋友圈成员间的人脉关系，使朋友圈品质得到稳固和提升。两方面互相促进，形成稳定和健康的良性循环。时下流行的微信红包就是社交金融的一种表现形式。随着移动互联网技术的发展和智能手机的普及，传统银行零售业受到冲击，柜台业务减少，单一的线下传统金融厅堂服务模式无法满足客户需求，得客户者得天下，社交参与型银行越来越成为各金融机构抢占的桥头堡。中信银行着力打造全方位的金融和非金融服务的零售生态圈体系，以手机移动端作为主要载体，连接日常生活、社交、健康养老等生活场景，发挥银行金融结算的优势，引导客户建立资金账户并提供服务，满足用户消费、理财、社交、尊重、自我实现五个层次需求。中国工商银行的"融 e 联平台"发挥专业化客户经理与移动通信客户端的"人—端"结合优势，实现客户经理与客户的点对点办理转账汇款、投资理财等银行业务。中国建设银行的"建行微银行"可以提供在线预约、手机定位营业网点、客户经理实时沟通、阅览金融信息、在线购买热销贵金属产品等多种服务形式。

第三章 金融基础设施的变革创新

金融基础设施是金融体系的重要组成部分，是金融市场运行的核心支撑，在金融市场中居于枢纽地位，是金融市场稳健高效运行的基础性保障。

扎实稳固的金融基础设施建设，有利于金融市场稳健运行。金融基础设施越发达，越有利于金融市场发挥其资源配置的功能，越有利于金融机构服务实体经济，越有利于监管机构防控金融风险。

完善的金融基础设施是金融高效安全运行的基础。在我国经济新常态背景下，供给侧结构性改革不断深化，经济发展从要素驱动逐步转为创新驱动。利用大数据、云计算、区块链、人工智能、5G 等新兴技术手段，打造数字化、信息化、智能化的完善的金融基础设施，有利于提高金融市场运行的效率，降低金融业运行的成本，并带来金融市场翻天覆地的变化，极大地提升我国金融业的国际竞争力。

第一节 信息基础设施的变革创新

信息基础设施是金融基础设施的重要硬件，现有信息基础设施存在信息化成本高、信息覆盖面窄等问题，不利于金融机构业务的顺利开展，迫切需要利用现代科学技术进行更新换代。金融科技运用于信息基础设施建设，可以拓展信息数据的边界，降低基础设施运行的成本，提高基础设施的运行效率，为金融市场功能的发挥提供基础性保障。

一、信息基础设施建设中存在的问题

（一）信息覆盖面窄

传统金融体系下，信息基础设施的信息覆盖面窄，一般只涵盖传统金融部门客户

金融活动的结构化数据，不包括人们日常生产生活中的半结构化和非结构化数据。今天，人类生产、生活活动日益丰富，经济主体活动范围的边界不断扩大。据全球知名分析机构监测，人类产生的数据量呈指数级增长，大约每两年翻一番。我们过去几年创造的数据，比此前人类历史上所有时期创造的数据的总量还要多。在信息大爆炸的今天，需要建设全面覆盖经济主体结构化、半结构化和非结构化数据的信息基础设施。

（二）无法处理海量非结构化信息

随着互联网和智能手机的普及以及 5G 和各种传感设备的发展，越来越多的人类活动信息被记录下来。海量的数据需要有处理海量数据的能力，而原有信息基础设施的计算能力远远跟不上，尤其是无法处理非结构化数据，造成信息资源的浪费，而这些非结构化数据却是经济主体行为特征的真实反映。

（三）无法共享数据信息

原有的信息基础设施架构下各个部门获取并利用各自客户的信息，而各个部门之间的信息是无法共享的。金融机构如果要获得交叉信息，需要付出高昂的代价和成本，信息获取还存在滞后性和准确性的问题。

（四）无法保证信息的安全性

原有信息基础设施架构具有中心化特点，形成了各自独立的信息节点，各经济主体为了经济利益，容易导致信息泄露。同时，通信工具的更新换代使得各个使用终端或使用者都被组织到统一的网络中，而网络容易受到外界的攻击，信息的安全性无法保障。

（五）信息化成本高、效率低

传统金融机构的 IT 部署架构是专机专用式系统，一个金融机构应用系统部署在一个服务器上，再配套存储设备和网络连接。金融机构可以通过计算机业务外包方式构建，但是每年的外包费用昂贵；也可以自建，但是硬件设备购置的费用不少，还需要支付后期的维护费用。另外，在专机专用系统下，一旦搭载该应用系统的硬件设备出现故障，对应的应用系统随即无法使用，严重影响业务的正常开展。而且，企业拓展 IT 资源时需要经历估算 IT 资源需求量、选配产品型号、购买基础硬件、部署底层架构等一系列烦琐的环节，一般需要耗费约 6 个月的时间，才可以使用新增的 IT 资源。

二、金融科技变革信息基础设施的途径

（一）云计算在金融领域的主要应用

第一，云计算利用虚拟化技术，可以有效解决传统基础架构的问题。这种技术支持不同的应用系统实时地动态调整资源需求，实现真正的资源按需配置，不仅能提升 IT 资源的利用效率，而且能有效降低应用系统对硬件的依赖性，保障系统稳定。

第二，基于云基础架构的云计算服务能够按照金融机构的需求提供资源配置，金融机构能够自主选择相关产品的配置，并根据配置按年、按月或者按时付费。尤其是公有云，无须金融机构自己部署和维护 IT 基础设施，只需要按照需求灵活采购配置，及时调整需求，极大地节省了成本，提高了资源利用率。

第三，云计算通过提供完整的产品服务，可以敏捷、迅速地响应金融机构的需求，提升金融机构运行效率。搭建云平台有利于金融机构制定合理的资源分配方案，形成整体的云平台安全体系，从而为金融服务提供全方位保护，降低安全风险。

但是，云计算技术的应用也面临着数据安全、信息安全、服务过度使用等方面的新风险。金融机构是金融服务的最终提供者，其承担的安全责任不因使用云计算服务而免除或减轻。金融机构运用云计算技术，应该根据业务重要性和系统的数据敏感性，对云计算技术进行充分科学的评估，确保金融机构业务的连续性，在保证数据安全和信息安全的前提下，选择合适的云计算服务类别、部署模式和架构体系，确保使用云计算技术的业务系统的安全性。

（二）区块链在金融领域的主要应用

区块链技术的主要优势是无须中介参与、过程高效透明、成本低、数据信息高度安全。区块链的公开和无法篡改的特点使其应用远远超出记账领域，可以应用于各种类型的记录管理。

区块链金融是区块链技术在金融领域的应用。基于区块链技术的支付架构体系，建立在去中心化的链条上，能够超越国家和地域的局限，利用全球互联网实现链条节

点上数字资产流动与现实的现金支付之间的连接，提高效率、降低成本。使用区块链支付，每个参与者都可以在任何节点把自己的密码学钱包发展成一个"自金融"平台，完成即时支付、存款、转账、换汇、借贷，并且全网记账清算，也可以通过智能货币系统发行自己的金融合约产品和信用借条。当然这个过程需要通过加密算法保证交易的真实可信。

但是，区块链技术在金融行业容易产生新的问题：一是不同种类区块链的处理性能存在差距，主要是联盟链及私有链比公有链有更强的处理能力，这也是制约区块链技术大规模应用的主要瓶颈；二是日益增加的节点数据记录对链上存储空间提出更高的要求，这就需要金融机构在使用过程中不断启用高性能的设备；三是公有链中各节点交易数据和信息的隐私安全与保护机制较弱，公有链中所有交易数据都是公开和透明的，每一个节点的参与者都能够获得所有交易的完整数据备份，这与商业机构保护商业机密的需求相矛盾；四是目前滞后的立法规范和制度建设还无法将区块链技术纳入有效监管，容易滋生区块链技术的不合规应用，也不利于金融科技的落地应用；五是区块链技术还存在很多未知领域，大多数的技术和应用还处于试验阶段，过度与无节制使用区块链可能会引发系统故障和程序漏洞等风险，给金融业的平稳运行带来过多不稳定因素。加密资产相关领域的安全事件表明，技术的不成熟会给用户带来较大的经济损失。未来，区块链技术风险仍然是我们重点关注的问题。

（三）大数据在金融领域的主要应用

随着大数据技术的快速发展，大数据也逐渐应用到了金融领域，集中表现在风险管理、金融创新、促进资源优化、打破客户信息垄断等方面。一是发现暴露金融风险并为风险控制提供参考，对经济主体的日常交易行为数据进行分析，判断其财务管理、经营状况及信用情况；二是促进金融创新，发现新的业务需求；三是有效整合互联网金融资源，促进资源优化，促进投资双方的信息发布、交流、匹配，尤其是能帮助小型企业以更快的速度筹集到资金，缓解小企业融资难问题；四是发现金融漏洞，维护金融安全。

但是，大数据应用于金融业还面临一些挑战：一是数据利用难以管控。大数据应用使数据生命周期增加了交易、共享两个环节，由传统的单链条演变成复杂的产业网络，复杂程度超出了消费者的理解能力，且数据的共享和利用很难实现全方位的管控。另外，大数据技术可能引起精细化决策带来的"数字歧视"等社会问题。例如，金融机构通过打标签对人群分类进而进行的价格歧视。二是隐私保护更加困难。个人隐私保护和大数据开放共享的要求存在天然的矛盾，如果一味想要实现数据价值最大化，片面追求更大的商业利益，容易导致信息过度采集和信息滥用。现阶段，多数大数据研究机构存在资金、技术和人力方面因投入不足引发隐私保护的问题。此外，由于缺乏道德自律，部分企业贩卖数据牟利，导致个人信息满天飞。三是存在平台安全风险。大数据技术多采用分布式存储和处理方式，底层技术复杂，安全边界模糊，甚至还出现了针对大数据的新型的高级、持续性网络攻击手段。

（四）人工智能在金融领域的主要应用

人工智能在金融领域的应用可以促进金融业务智能化，给金融机构支付业务、个人信贷、企业信贷、财富管理、资产管理、风险控制、售后服务等带来颠覆性的变革，促进金融行业的蓬勃发展。一是金融服务方面。人工智能的发展打破了现有的金融服务模式，以智能客服、售后机器人等形式为客户服务。二是金融投资方面。人工智能应用于金融投资的指导与分析，如智能投顾，借助人工智能的技术和手段，可以对未来宏观经济形势、行业发展周期、企业经营状况等做出客观、准确的判断，并为客户提供更加合理的资产配置方法、投资组合品种和结构。三是金融风险控制方面。金融机构的经营对象是货币，但是经营过程无时无刻不与风险相伴，安全稳健运营一直是金融机构长远健康发展的前提条件和重要保障。尤其在互联网金融背景下，金融风险控制水平是其金融服务的整体水平以及其持续发展能力的体现。有效的金融风险控制可以降低成本支出，增强金融机构盈利能力，提升企业的核心竞争力，为金融机构正常经营保驾护航。

（五）物联网在金融领域的主要应用

物联网以一种全新的架构体系，让实体世界实现有组织的、主动的感知互动，让虚拟经济从时间、空间两个维度上全面感知实体经济行为，准确预测实体经济的走向，让虚拟经济的服务和控制融合在实体经济的每一个环节中，并催生一种全新的金融模式——物联网金融。物联网金融扩展了金融服务的边界，将原来面向"人"的金融服务延伸到"物"，借助互联网技术使各种融资活动实现了智能化运作，并创造出更多新型的金融模式，如公共服务物联网金融等。

物联网金融是指建立一个实时无缝对接、互联互通的物联网系统，即各类经济社会部门极大O2O（线上到线下）化，电子商务、电子政务等获得极大满足和提升，并建构出一套避免信息孤岛、降低信息搜集成本、强化信息披露制度和促进信息对称性交易的场景，实现了经济社会各类资源、数据的互联互通和实时共享，是以客户需求为中心，实现全流程、多元融合服务，与各市场主体协同共赢的生态金融圈。

三、金融科技变革信息基础设施建设的发展趋势

（一）发展多维数据库技术

传统的数据库多为关系数据库，关系数据库技术的数据整合思路是建立企业数据中心，将数据从各个系统抽离然后进行集中，再统一提供数据服务，但是随着数据量的急剧增加，数据所具有的非结构化新特点让传统企业数据中心难以整合。

多维数据库将数据存放在一个n维数组中。与关系数据库相比，多维数据库增加了一个时间维，将多维处理技术结合到关系数据库中，使数据处理速度更快、反应时间更短、查询效率更高。这种n维数组形式的存储技术，可以更好地兼容不同来源的数据，也为基于多维数据库中的数据进行快速在线处理提供了可能。这样，多维数据库技术较好地解决了不同来源的数据存储及高效查询问题，从而使金融信息基础设施能够整合不同来源的数据。

（二）发展可编程的金融

数字货币的强大功能吸引了众多金融机构采用区块链技术开展业务，将"智能合约"添加到区块链，从而形成可编程的金融。目前，金融机构基于区块链的应用方向主要有以下四个方面：

一是链上各节点之间的点对点交易，如基于区块链技术的跨境支付、场外证券交易、金融衍生品合约的买卖等，货币、证券、衍生品等金融工具交易各方分布在区块链各个节点上，各节点之间可以快速、低成本、无纠纷地进行交易。

二是利用区块链交易平台进行交易信息的登记。区块链具有可信、可追溯的特点，

因此以区块链为基础建立的交易平台可以永久地记录、保存相关金融交易数据，如可以存储客户身份资料及交易记录，用在反洗钱业务活动中。

三是利用区块链交易平台进行交易合约的确权，如基于区块链技术的交易平台可以记录和确认土地、货币、股权、衍生品等合约或财产的交易，对交易和合约、财产的转移进行真实性验证等。

四是将"智能合约"添加到区块链，可以利用智能合约自动检测各种不同的金融交易环境，然后根据需要自动启动交易。

（三）5G 推动金融场景再造

5G 在辅助各种新兴技术落地、优化现有技术应用的过程中，推动金融场景再造，为金融行业注入新的生机。一是不断优化现有的金融服务模式及体验，为加快金融创新提供更好的数据信息传输技术，完善产品形态、优化服务模式、丰富服务渠道等；二是在探索物联网发展的背景下，金融机构充分利用互联互通带来的信息和技术优势，不断推出金融服务和发展的新模式。

（四）人工智能嵌入金融产品

随着机器学习和深度学习算法的不断成熟，人工智能被金融机构打造成多元化金融产品和系统，并有机地融合到现有的金融产品和服务中，以增强其市场竞争力。人工智能将覆盖金融产品设计、销售、运行、终止的全流程，并不断积聚大量种类不同的样本和数据进行学习，促进金融产品迭代改进。

第二节　支付清算的变革创新

支付清算体系是现代经济、金融体系的重要组成部分，支付清算平台能够及时、全面、系统地揭示金融系统运行的数量和结构特征，支付清算体系的合规合理运行是保障经济金融平稳发展的关键性因素。

一、支付清算行业存在的问题

2000 年以后，随着电商平台的发展壮大，以支付宝为代表的互联网支付、移动支付方式的优势逐渐显露，众多新的支付工具、支付渠道、支付机构、支付模式等不断涌现，打破了传统商业银行在支付体系中的垄断局面，支付清算行业迎来了新的竞争局面。同时，由于相关法律法规不完善，伴随着众多非银行机构支付工具的不断涌现，支付行业也出现了诸如经营不规范、收费定价不透明、风险防范措施不完善、行业主体分工不明确等问题。

（一）行业支付服务定价机制尚未形成

目前，支付清算行业定价标准还不统一，服务定价机制有待调整和优化，主要体现在银行卡刷卡手续费和网络支付的收费定价方面。随着跨行交易规模的扩大，银行卡刷卡手续费收费标准的差异不利于银行卡市场的长远发展。而网络支付的收费定价机制问题，主要源于商业银行和第三方支付机构之间在网上支付手续费分割的利益之争，双方通过各种手段进行博弈，这不利于支付清算业务的做大做强和支付清算市场效率的提高。

（二）行业各主体之间的互信合作机制有待巩固

目前，支付清算行业各主体之间的互信合作主要在银行与支付企业、支付企业与移动运营商、支付企业与电商企业等主体之间进行，合作形式多种多样。但是合作的深度和广度需要进一步拓展，特别是移动支付领域，迫切需要通过平台开放和业务对接实现产业链条的贯通，实现多方共赢，同时，需要统一行业标准，完善支付行业系统规划，加快支付清算行业基础设施建设。

（三）行业风险防控水平参差不齐，有待提升

支付工具和支付手段不断推陈出新，逐渐由实体支付手段（如现金、票据、银行卡）拓展到无现金、无卡电子支付方式（如第三方支付、微信支付、移动支付），支付应用场景不断拓宽，支付规模不断扩大。在方便快捷的支付清算给客户提供方便的同时，支付系统承载的压力也不断增加，其低门槛的特征也给金融诈骗、盗刷等违法活动以可乘之机。因此，亟须结合新型金融科技，建立新型风险监控模型和预警体系，完善支付清算体系的风险防控手段，克服风险隐患和薄弱环节，特别是加强对一些具有突发性、关联性和不可逆转性风险的控制。

（四）行业主体分工需要进一步明确

在目前的网络支付和移动支付中，参与方主要包括商业银行、第三方支付机构、移动运营商（中国移动、中国联通和中国电信）、终端设备制造商等，它们都是支付清算产业链上的重要组成部分。但是，在支付产业发展过程中，各经济主体为了获取相应的经济利益，展开了较为严重的、多重低水平竞争，业务模式、竞争方式、盈利模式基本相同，这不利于支付行业产业链条的衔接，更不利于支付产业的长远发展。各市场主体只有从长计议，专注于自己最为擅长的领域，充分发挥比较优势，形成较为良性的产业链分工，每一方参与主体都能够在属于自己的产业链节点上精耕细作，提高产业链条的衔接程度和整体效益，才能推动支付行业更快更好地发展，各行业主体也能从中获取更多利益。

二、支付清算行业变革的技术基础

（一）大数据支撑支付清算业务海量化

支付清算系统运行及业务处理为客户交易提供资金的通道和媒介、资金划转结算的中介，商业银行及第三方支付机构都拥有大量的客户信息和海量的支付清算数据。而大数据技术可以带动信息处理技术的提升，使得商业银行和第三方能够顺利实现跨界数据信息共享。

大数据与支付业务深度融合，有利于各部门支付信息和跨界信息的搜集、分析、存储和挖掘，可以为支付清算行业提供更加合理的客户行为分析，提升客户精准分层的科学性，制订更加个性化的财务管理、营销规划。而大数据和人工智能快速融合，在海量数据的基础上，通过深度学习提高算法模型的数据处理效率和准确度，建立基于客户全面信息的信用分析，并为支付清算的风险防控提供强有力的数据支持，有利于快速建立并完善实时支付风险预警和防控体系。

（二）区块链支撑支付清算架构去中心化

区块链技术具有不可篡改的属性是确保去中心化的信任机制得以建立的基础，也为支付清算体系的重构提供了技术基础。随着区块链在金融领域应用的逐步深入，区块链技术将为支付体系的搭建、支付风险的防范提供强有力的技术支撑，确保支付业务的安全性和支付体系的稳定性。

以区块链技术作为底层技术构建支付清算网络和体系，一是可以有效防范交易对手间的信用风险和由此带来的系统性风险，避免交易各方发生意外损失；二是可以降低支付成本，提高支付效率。尤其是在跨境支付领域，可以大幅缩短支付到账时间，有效规避汇率风险以及相关操作风险等，还可以优化信息传递和资金转移的方式。

（三）云计算支撑支付清算行业服务云端化

由于支付市场交易规模随人们生活特点的变化而变化，支付清算系统的处理压力也会随之出现较强的波动性，尤其是在节假日期间，会呈现爆发式增长，而原有的支付清算技术缺乏快速反应能力。

云计算技术具有高弹性、互通性、开放性等特点。将云计算技术应用于支付清算平台，一是可以为海量的支付清算交易和服务需求提供动态化弹性支持，极大地提升支付清算业务系统的承载力，同时又能大大节约资源；二是云计算技术与支付服务相结合，其虚拟化技术可以虚拟出多个隔离的支付服务器，大大降低用户成本，提高资源利用效率；三是云计算的分布式文件系统可以保证支付信息数据的可靠性，实现资源弹性扩容；四是云计算的资源管理技术能够使大量的服务器协同工作，方便进行业务的快速部署和实施，快速发现和恢复系统故障，通过自动化、智能化技术实现大规模支付清算系统的可靠运营；五是云计算的能耗管理技术使支付计算仅依托规模庞大、拥有几万个计算节点的数据中心，就可同时实现资源集中和降低能耗的目标。

（四）人工智能支撑支付清算过程智能化

人工智能技术运用于支付领域，提高支付的便捷性、安全性，促进支付业务创新，提升用户体验，提高运营效能，强化风险控制。未来，人工智能技术与支付体系的要素整合，将会促使支付机构更加公平有效地扩大服务范围。首先，人工智能通过人脸识别、语音识别、生物识别技术等创新手段改变传统支付方式，促使银行、非银行支付机构创新智能支付服务。其次，人工智能通过智能语音服务、智能投资顾问等方式为客户带来更快捷、更便利、更智能的操控体验，提升用户支付体验，提高客户黏性。再次，人工智能通过真人人脸图像与联网核查图像、客户身份证图像交叉比对，完成身份认证，缩短支付时间，提高支付行业的效率。最后，人工智能还可以通过将相关技术应用于账户管理、支付风险的智能控制、支付行业监管等领域，为支付行业的稳定发展提供保障。

（五）物联网支撑支付清算感受泛在化、感知化

5G 应用于支付领域，可以提供拥有更加智能化的支付清算的移动互联基础设施，推动第三方支付公司不断创新产品种类、革新支付模式、改善支付行业生态，为客户提供更加便捷、智能化的支付清算服务，优化用户体验，提升客户满意度，提升支付服务效率，提高自身运营效率等。

同时，5G 促使支付清算行业数字化程度加速提升，"互联网支付"升级到"物联网支付"，拓展支付服务边界，创新支付方式，推动感知支付的发展。一方面，5G 通过覆盖连接支付清算主体各个层面，使得支付服务逐步达到无处不在、无所不能的境地，即泛在化。通过开立支付账户，可登录物联网的身份验证和综合信息管理平台，关联一个物联网账户即可实现多平台登录。另一方面，利用指纹、虹膜、掌纹、掌静脉、声纹等进行个人身份鉴定的生物识别技术将使密码支付向识别支付过渡，即感知化。物联网结合大数据等技术，将支付行为与客户基本信息和财务状况等的动态变化相关联，可实现动态调整支付额度，帮助市场主体防控风险。

三、金融科技变革支付清算设施的路径

（一）通过网联平台推进支付行业"断直连"

随着互联网金融的快速发展，众多的非银行支付机构通过与商业银行两两直连实现跨金融机构的资金清算，相当于支付机构变相从事跨行清算业务。这种支付机构和银行之间两两直连形成的支付市场相对封闭、相互割裂，交易过程中资金和信息不透明，容易形成监管真空，而且规模不断增加的备付金"息差"收益吸引众多支付机构参与。这种"直连"模式造成各商业银行业务平台的重复建设，再加上支付机构风险管控水平良莠不齐，缺乏完备的风险防控体系，存在着潜在的金融风险传递链条，对金融业的稳定运行造成威胁。

网联是中国人民银行为非银行支付机构搭建的统一的网络资金支付清算平台，其

建立和上线运行结束了原来的多头直连清算运行模式，克服了原先支付机构和银行之间直连清算模式的弊端，有助于建立开放性、整体性的非银行支付市场，进一步优化支付市场的竞争环境，形成更加和谐的创新格局。中国人民银行建立的与此配套的备付金存管制度，取消了支付机构的备付金利息收入，结束了支付机构"息差"式盈利模式，引导其回归主营的支付业务。非银行支付机构也加大了创新力度，逐渐实现向技术服务提供商的转型，利用自身技术优势，为企业用户提供技术支撑和服务；依托各种丰富场景朝金融化方向转型，多渠道为商户、个人客户提供泛金融化服务，通过"场景＋支付＋金融"不断开拓创新服务内容，开拓更多市场空间。

网联清算平台是国内首个全面采用分布式云架构体系搭建的重要金融基础设施，其通过北京、上海、深圳三地建设的六个数据中心，实现平台系统交易数据高速、集中处理，规范化程度高、处理性能强。网联清算平台支持协议类支付和认证类支付两大类五大项基础支付业务功能，可实现从应用、服务器、数据中心到城市地域的多层级横向扩展，以适应网络支付规模的高速增长态势，并具备数据一致性等全面高标准技术特点，保障支撑海量网络支付业务并发处理。根据中国人民银行数据，早在2018年"双十二"当日，网联平台处理跨机构交易11.38亿笔，相应跨机构交易处理峰值超过4.7万笔/秒，网联平台成功实现全网全链路平稳运行，有效支撑了整个支付体系的稳定运行。2019年末网联平台已经接入534家商业银行、115家持网络支付牌照机构，新接入102家村镇银行。2019年，网联清算平台处理业务3975.42亿笔，金额259.84万亿元，日均处理业务10.89亿笔，金额7118.97亿元。网联清算平台运行平稳，向支付行业上下游参与者交出了满意的答卷。

（二）支付领域身份识别技术多样化、智能化

1. 以二维码技术为主要支撑的条码支付

二维码支付技术是一种基于账户体系搭建起来的新一代无线支付方案。二维码技术利用二进制0和1作为代码，同时使用若干个与二进制相对应的几何形体表示文字数值信息。条码支付是以二维码技术为主要支撑的，具有支付快捷、应用门槛低等优点，能够为线下实体商户提供快捷、安全的现场支付解决方案，无须安装收款机，只需一部智能机直接扫描用户手机上的二维码即可向用户发起收银。

二维码包括静态条码和动态条码。利用静态条码进行支付的，其风险防范能力最

低，而且同一客户单日累计交易金额有上限；利用动态条码进行支付的，在使用条码收付款时，手机电子屏上的动态条码是实时更新的，不容易被替换盗用，风险防范能力比较强。

2. 以人工智能技术为主要支撑的刷脸支付

刷脸支付是基于人工智能、机器视觉、3D 传感、大数据等技术实现的新型支付方式，主要通过生物识别、机器学习等技术提高便捷性、安全性。而生物识别技术具有精、准、快等优点，进而提高客户体验和使用的安全性，能够有效降低欺诈和盗用风险，目前在手机解锁、身份验证、支付交易等领域应用广泛。根据中国支付清算协会发布的《2018 年移动支付用户调研报告》，85% 的用户能够接受使用生物识别技术进行移动支付身份识别和交易验证。例如，国内部分商业银行引入无卡取款业务，用户通过人脸识别验证成功，辅之以手机号、身份证号、交易密码等核验身份，无须带卡就可以在 ATM 上完成取款操作。非银行金融机构通过与商场超市合作，推出基于人脸识别技术的刷脸支付销售模式。早在 2013 年，芬兰创业公司 Unique 就推出世界上第一个刷脸支付系统，整个交易在 5 秒以内完成。2017 年支付宝与肯德基店合作，在杭州推出 Smile to Pay，只要客户在支付宝进行注册，并启用面部识别功能，不需要使用智能手机来操作，显示屏上的 3D 摄像机对顾客的面部进行扫描，即可完成身份验证。2018 年，腾讯微信支付推出"青蛙"支付设备，介入收款机后可代替原有的扫码支付，还支持微信刷脸支付，且不需要对收款机进行改造。

（三）跨境支付

1. 香港内地互通的"微信香港钱包"

2018 年 9 月，在中国人民银行和香港金管局支持下，腾讯与中国银联联合推出"微信香港钱包"，这是首个为香港用户提供的到内地跨境移动支付服务的电子钱包，香港同胞仅需携带一部智能手机到内地，使用微信香港钱包，即可轻松解决衣、食、住、行等领域的支付需求。香港居民在内地消费，只需打开微信香港钱包就可以直接进行扫码支付，所消费的金额按照实时汇率转化为港元再从消费者绑定的银行卡中扣除，省去了以前香港居民在内地消费时需要频繁兑换货币的麻烦。如果消费者想办理退款，资金会按照消费者支付时的汇率原路退回。微信香港钱包极大地优化了香港居民在内地的消费环境，使香港居民同样可以享受移动支付带来的便捷性和舒适感。2019 年春节期间，微信香港钱包收发红包近 100 万个，香港用户到内地消费热情高涨，交易笔数达平时的 2 倍多。

2.区块链技术支撑的跨境支付场景多样化

（1）传统跨境支付。跨境支付是指两个或两个以上国家或者地区的经济主体之间因国际贸易、国际投资及其他方面所发生的国际资金跨国和跨地区转移的行为。由于货币不同、经济主体的开户行不同，因而需要通过一定的结算工具和支付系统实现两个国家或地区之间的资金转换，最终完成交易。传统的跨境支付清算方式主要有电汇、托收、信用证，一般是通过 SWIFT（环球同业银行金融电信协会）进行的，整个支付过程参与方比较多，环节多，整个业务流程比较冗长，从资金汇出到收款人收到资金需要 2~3 天，而且费用很高，使一些较小额的跨境支付显得很尴尬，其成本和效率问题成为跨境支付的瓶颈。同时，传统跨境支付清算还面临资金收付双方的信用风险、金融机构人员因素产生的操作风险、互联网安全性问题等。

（2）区块链支持的跨境支付。区块链具有去中心化、信息不可篡改、开放透明、风险低等特性，跨境支付区块链充分发挥了这一分布式记账技术的特点，将跨境支付的参与方连接起来，建立互信链接平台，实现互联互享，可以提高交易透明度，降低资金风险，减少交易环节和降低成本，加快结算和清算的速度，从而极大地提高跨境支付的效率。

跨境支付引入区块链技术，首先汇款人根据需要向汇款行提出汇款申请，汇款行根据汇款申请、收款人信息选择链上最佳汇款路径，确定收款行，并发起清算，包括汇款行账户行、清算行、收款行账户行在内的链上相关节点均会同时收到汇款和清算的请求，然后它们根据汇款指令确认资金转账，完成清算，最后收款行向收款人发出资金到账通知，完成跨境支付。

跨境区块链支付的特点主要有：①区块链建立在一种全新的信息网络架构基础上，克服了传统支付方式过度依赖中心化系统的弊端，资金收支两端客户都能随时自主掌握资金收支的相关信息，极大地提升了两端客户在链上的地位和话语权。②由于区块链是一种全新的分布式账本技术，链上每个支付节点都是参与方，都是账本的记账人，都可以随时查询资金跨境支付的信息，都可以共有、共享每个相关节点上的信息，并能够检测、验证资金划转和清算的过程和结果。也就是说，对相关节点来说，整个跨境支付过程都具有很高的透明度，汇款收、付涉及的金融机构对相关汇款责任一经确认，无法更改。③整个支付流程更加简单化，而且不需要第三方参与，大大节省了汇款费用。④各参与机构只有达到跨境区块链要求才能上链成为链上节点，才能参与资金跨境支付与清算，并同步获取资金支付、清算的信息。⑤跨境支付区块链可以实时自动完成账本信息的核对，保证链上资金转账信息的准确性，而且信息公开，具有很高的透明度，无须对账。当然，链上各参与方也可以随时查询、检测、验证这些信息。⑥跨境支付区块链具有很强的兼容性，可以兼容以往的资金支付与清算的模式，金融机构能够快速以较低成本上链参与交易。⑦跨境支付区块链具有很强的包容性和抗干扰性，整个系统的运作不受某一节点运行状况的干扰。⑧监管机构也是链上一个节点，可以对链上资金清算等进行实时监督，保证资金支付和清算过程合规化。

（3）典型案例。招商银行是最早使用区块链直联跨境支付应用技术的金融机构。2017年3月，招商银行通过该技术实现总分行之间的清算，为南海控股有限公司通过永隆银行向其在香港同名账户跨境支付，这一事件标志着国内首个区块链跨境领域项目的成功落地应用，在国内该领域具有里程碑意义。目前大多数国有商业银行均设计并推出区块链跨境支付系统，如2018年中国银行设计的区块链跨境支付系统，实现了河北雄安与韩国首尔客户间的美元国际汇款，这也是国内商业银行首笔应用自主研发区块链支付系统完成的国际外币汇款业务。

第三节　征信科技的变革创新

信用是现代商业社会的支柱，现代经济是信用经济，信用关系错综复杂，建立高效快捷的社会信用体系，可以极大地缓解金融市场中资金交易的信息不对称问题，减少由此带来的逆向选择和道德风险可能引起的损失。近20年来，我国不断加强社会信用体系和征信系统建设，并取得了较好的成效。但是，我国征信体系建设起步晚，征信技术相对落后，征信行业发展无法满足大数据时代的需求。而基于金融科技的大数据征信则克服了传统征信技术的弊端，能够为金融市场提供全面、多样的信用服务。

一、我国征信体系存在的问题

（一）征信行业主体构成单一

金融信用信息基础数据库是我国征信体系的核心组成部分，2006 年该数据库上线运行，形成了全国集中统一的企业和个人征信系统。同时，我国信用行业也开始走向市场化经营，出现了前海征信、腾讯信用、芝麻信用等多家商业性信用评估机构。2018 年 3 月 19 日，百行征信有限公司落户深圳，这是中国第一家获得个人征信业务经营许可的市场化征信类科技金融公司，由市场自律组织（中国互联网金融协会）与 8 家市场机构按照共商、共建、共享、共赢原则共同发起组建。百行征信主要专注于征信、信用评估、信用评级、数据库管理等业务，从事个人征信、企业征信及相关产业链开发的信用信息产品与服务供应。该机构成立的主要目的是纳入传统金融机构之外的、中国人民银行征信中心未能覆盖到的个人客户金融信用数据，构建一个国家级基础数据库，实现行业信息共享。

由此，我国已经逐步形成公共征信和社会征信相互补充的信用体系。随着信用行业市场化程度的不断加深，会有越来越多的商业性信用机构出现，并发挥越来越重要的作用。

（二）存在信息孤岛现象

金融信用信息基础数据库已收录超过 2600 万户的企业、其他法人组织和近 10 亿自然人的信用信息，这些信息数据来源于众多的传统金融机构，基本覆盖了国内传统信贷市场，共同构成我国信用体系的根基。但是，小额贷款公司、保险公司和融资租赁公司等众多的非银行金融机构的相关信用数据尚未全部接入征信系统，征信体系信贷信息的采集范围仍有待进一步拓宽。

百行征信是对中国人民银行征信系统的补充，收集国家征信基础数据库空白领域的信用信息，满足非银行金融机构的信用产品需求。国内众多的第三方征信机构和信用评估商不断涌现，其不断创新的信用服务模式对完善我国信用体系起到极大的促进作用。

但是，金融机构、政府其他部门和生活服务类数据分别属于不同的经济主体、行政主体，这些数据出于各种原因还没有实现信息资源共享，数据获取难、成本高，征信体系存在信息孤岛，而众多分散的新兴公司的线上数据采集系统又无法保证信息的质量。

（三）征信数据库管理技术落后

一方面，各征信分中心在实际运用"两端核对"及"定点监测"机制方面存在技术手段落后和能力不足的问题，无法保证不同渠道获取数据的一致性，可能导致征信中心获取的辖内征信数据与金融机构信贷业务实际数据存在一定差异。另一方面，征信系统数据基于结构化数据类型的处理技术，制约了外围非结构化海量数据的导入，无法满足对海量的语音、图像、视频等数据进行采集、清洗、加工和使用的需要。

（四）征信产品单一，有待提升增值

我国传统征信行业产品比较单一，一般仅是征信机构采集原始数据所形成的格式化报告这类初级产品，而不包含信用评级和信用评分等增值产品，无法满足客户个性化、多样化的高级需求。征信产品亟须对各类信息展开深度挖掘，为客户提供丰富多样的征信产品，提升产品价值。

（五）征信法律体系建设滞后，信息安全无法得到有力保证

信息安全一直以来都是各经济主体关心的问题。

第一，信用服务机构服务质量有待提高。在信用服务市场上，实际提供征信服务的公司有数千家，服务质量良莠不齐。而且，数量众多的各类信用机构、征信平台缺乏监管，大量的信用服务机构内部治理机制不健全，容易引发内部人员道德风险和业务操作风险。个人信息的使用仍然存在安全隐患，存在未经客户授权或在客户不知情的情况下对外出售个人信息的现象，增加了信息泄露的风险。

第二，存在监管漏洞。目前，我国征信行业仅由中国人民银行集中监管，难免有监管不到位的情况。而且我国征信行业缺乏系统的法律法规，信用制度不健全，难以形成对征信业行业主体行为的强约束力，客户个人信息得不到明确保障，信息的合法使用与保密仍然存在隐患。如何能在保证客户信息安全性的同时便于大家使用数据创造收益，仍然是亟须思考的问题。另外，征信活动涉及他人信息安全，信用评级对企业、

个人的经济活动乃至金融市场的稳定性具有重大影响，各国都要求征信机构在监管法律框架内开展业务，严格保护被征信对象的信息。我国征信行业需要建立健全包含行政监管、司法监管及行业自律在内的完善的现代征信行业监管架构，完善征信行业法律法规，为征信行业的健康发展保驾护航。

二、金融科技变革征信体系的逻辑

征信技术是征信体系的重要保障，传统征信体系的技术架构不利于金融行业的长远发展。在金融科技快速发展的今天，推动人工智能、区块链、大数据、物联网等新技术在征信行业的应用，发展信用科技，将改变传统征信行业的服务模式，推动信用评估的智能化，提升信用价值。借助机器学习和人工智能等技术手段可以对征信数据进行深度挖掘和风险分析，借助云计算和移动互联网等手段可以提高信用服务的便捷性和实时性。深度挖掘互联网大数据信息，开发大数据风控模型，更加精准地评估风险，逐渐成为新一代信用风险识别领域的核心问题。利用科技创新，金融机构可以实现精准营销、高效获客、有效风控、标准定价等，显著提高运营效率。

（一）大数据、云计算等技术提升征信数据挖掘的广度和深度

大数据征信是将大数据技术应用到征信活动中，利用互联网信息技术优势，将经济主体在金融活动、场景消费及其他各种社会活动中的海量非结构化数据整合起来，经过数据挖掘、清洗、分析后，利用信用评分模型将其加工融合成信用评估分数，作为衡量经济主体的还款能力、还款意愿、欺诈风险等的依据，进而判断其信用风险水平的高低。

1. 扩大信息来源覆盖人群

传统征信主要覆盖银行类等持牌金融机构有信用记录的人群，而大数据征信还覆盖了其他人群，包括来自法院、税务局、社会保险、公积金管理中心等政府部门，以及来自电信运营商、物业公司、医院、互联网企业、电商平台等第三方服务机构的客户，不仅可以利用传统征信数据，还采用大数据技术获取了用户日常行为方面的信息，数据信息范围更广泛、更全面，满足第三方支付以及互联网保险等金融新业态对身份识别、反欺诈、信用评估等多方面的征信需求。

2. 拓展信息来源维度

大数据征信具有数据量大（Volume）、种类多（Variety）、速度快（Velocy）、有价值（Value）、准确性（Veracity）的特征优势。大数据征信的数据信息来源不仅包括金融机构、政府机构和电信部门提供的个人基本信息、账单、信贷记录、违约记录等，还囊括人们的互联网行为轨迹、社交和信用评价等信息，包括人们的网上购物消费记录、网贷、缴费、签证等，如腾讯信用数据包括 QQ、微信、财付通、QQ 空间、腾讯网、QQ 邮箱等多种服务渠道的海量个人用户，通过用户在腾讯系产品留下的大量有价值信息，同时凭借其在人群覆盖、用户活跃度及产品特点上的显著优势，依托社交、支付、金融、社会等多个维度，在一定程度上反映了信息主体行为习惯、消费偏好、社会关系等，很好地弥补了传统征信体系的不足。同时，这种内部交易信息获取或外部数据库接入等方式，成本较低，取得的数据经过动态筛选、实时跟踪、数据清洗与加工，其信用结论更有针对性和时效性。

3. 应用场景更丰富

大数据征信不单单用于传统的信贷等经济金融活动，还逐渐延伸到生活领域。例如，芝麻信用已经用于信用卡、消费金融、融资租赁、酒店、免押租房、免押出行、婚恋、分类信息、学生服务、公共事业服务等上百个场景。

4. 信用评估技术更全面

大数据征信在数据采集、存储、分析和模型构建环节利用新技术，对数据进行创新应用。利用网络爬虫技术实时抓取信用主体的互联网数据；利用区块链技术存储复杂的数据信息；利用数据挖掘技术探索变量之间的相关关系；采用机器学习方法打造个人信用评分卡。运用大数据技术，通过建立征信模型，对信用主体的各种金融信息、生活信息等进行深度挖掘，能够比较准确地发现经济主体的行为规律，预测其信用活动的履约能力、违约概率、履约意愿等信用指标，得到实时计算的结果，提升量化风险评估能力。中诚信征信将传统建模与大数据建模结合起来，对个人信用信息进行评分；利用丰富的信息资源，从不同维度对数据进行信用信息认证；利用大数据技术融合和分析多维信息，形成综合性的个人信用报告；建立"数据＋规则＋模型"的大数据风控云体系，让风控系统更加精细和智能。

（二）区块链技术提升征信数据的共享度和准确性

我国现有征信行业已经具备一定的市场规模，征信机构达 200 多家，但仍然不能满足市场需要。由于我国征信法律法规不健全，信用信息割裂，信息孤岛等问题严重，征信机构之间没有实现信息共享。而区块链技术的出现，可以提供解决信息孤岛问题的方法。

区块链技术的核心特点是通过密码学、共识机制、时间戳等技术手段，在分布式的网络下，构建一个安全可信的运行环境，实现全局一致的共识账本。区块链通过技术来保证各方拥有完整一致的信息数据副本，保证任何数据的变更都能够及时同步到各方，同时防止任何一方私自篡改数据。由此，可以实现多方对等的点对点交易、协调和协作，消除单点依赖的数据安全、协同效率和风险控制等问题。所有能够参与的信用主体，必须获得区块链联盟成员的认可，在准入要求和可信度以及管理方面都得到很大提升。经过多年的发展和演化，区块链技术的独特优势不断显现，它实现了分布式对等网络的多方平等、共享记账，并且保证所有账本信息一致、不可篡改。

区块链在征信行业应用的优势体现在以下几个方面：

1. 打破数据孤岛

以用户作为数据的聚合点，连接各个企业与公共部门，在各机构、各行业间安全地共享数据，解决数据孤岛问题。

2. 加强隐私保护

区块链是一个分布式共享账本，征信区块链上各节点共享信用信息，但交易尤其是一些大额交易涉及商业机密，交易主体的隐私保护一直是区块链技术发展过程中的难题。经过近几年的发展，以密码学技术为基础建立的各种用户可以自控的隐私保护方案，可以使征信链上各个金融市场主体在共享信用信息的同时，避免数据被恶意攻击或窃取，保证数据的高安全性，由此加强个人隐私保护和风险控制，提高整链协同效率。

3. 降低人工与柜台等实体运营成本

区块链技术能够将征信链上每个节点的信用信息自动同步到链上其他各个节点账本，数据无法篡改、伪造，无须对账，而且具有可追溯性，这样就可以彻底消除传统征信方式成本高、信息不对称、客户信息泄露等问题，在提高效率的同时，避免使用人工所带来的操作风险,低效率、高成本等弊端,为征信各方提供了一个有技术保障的、可信赖的共享信息平台。

三、金融科技变革征信体系的路径

(一)信链——基于区块链的去中心化征信平台

信链(Trust Chain)是一个基于区块链去中心化技术建立的低成本、无边界、自主可控的数字信用共享生态平台。用区块链奖励机制鼓励用户数据上链,在区块链上建立一个可信任的网络,让各个行业的大数据都可以互相交换,实现互信、共享,远离数据垄断,让个人信用信息在去中心化的链上完美展现,不缓存数据,而且保护个人隐私、保护数据所有权,并通过区块链不可篡改技术有效遏制造假及匿名交易。

信链征信平台安全性能高。非付费查询者、非授权者不可访问;各方征信数据库不与链上系统项联通,联盟成员亦无权访问,确保商业机密及个人隐私不被泄露;采用数字签名及区块链技术确保安全性,可避免服务器受攻击、数据泄露。

信用模型产品模型主要由风控系统、代扣系统、企业数据库、数据记录区块及查询付费系统等组成。其中,风控系统、代扣系统、企业数据库属于链下系统,数据记录区块(记录机构放贷记录、借贷者还款记录)、查询付费系统(包含智能合约)属于链上系统。

信链通过点对点交易去除不必要的中介环节,降低经营成本及协作成本,有助于构建多方对等参与的价值共享生态。信链可以为小微贷企业提供更加可靠的风控信用结果,记录放贷信息,提供代扣资金还款通道,并记载还款记录,为其资金安全及业务运营提供强有力的支持;为银行、保险等金融机构提供专业第三方的风控信用数据,供其进行业务审核使用;链接其他金融机构的风控系统与信誉评价系统和自选使用的借贷资金代扣系统,通过构建强大的金融评估数据库,助力传统金融机构向金融科技方向转型,为借贷双方提供快捷的借贷企业代扣资金服务通道。

(二)信联——区块链与个人征信的结合

2018年5月,百行征信(俗称"信联")挂牌成立,这是一家市场化个人征信机构,是对以中国人民银行为中心的征信系统的补充。百行征信既拥有传统征信中心的结构化金融数据，又有生活、电商、小贷、网络图片、视频、聊天记录、互联网金融机构的非结构化数据，为借贷业务风险评估提供依据。百行征信机构产品设计更加丰富，不仅仅是数字信息，除征信报告外，八家征信机构都有自己的评分，还有更深层次的模型、精准营销、大数据服务等。

由于涉及多家信用科技类参股公司，如果各个公司之间分享数据，就会带来更大的数据泄露风险。百行征信积极探索区块链技术与个人征信的结合，以联盟链、公有链的形式维护与储存个人数据，有效防止篡改信息，保证信息的真实可靠，并在保证信息主体个人隐私安全的基础上，自主控制上传数据和信息。

百行征信的出现，是我国个人征信业发展史上具有重要意义的事件。随着更多符合要求的个人征信科技机构的出现，我国将构建起功能互补、多层次的个人征信市场体系。

第四节 监管科技的变革创新

2015 年 11 月，英国金融行为监督管理局（Financial Conduct Authority，FCA）首次提出 "Reg Tech" 这一概念，将其定义为 "采用新型科技以有效传导监管要求"。2017 年 4 月，FCA 在《2017—2018 年度商业计划书》中再次对 "Reg Tech" 进行了定义，认为其 "运用技术帮助金融服务机构更有效地理解并达成监管要求"，能促进金融机构 "增强合规的同时，降低成本" "更经济有效地理解 FCA Handbook 并提交所需信息"。

随着金融创新日新月异，监管对象综合化、多元化经营，金融风险复杂性增加，使得监管难度不断提高，监管成本日益增加，传统监管方式和数据处理手段越来越不能满足监管要求。而云计算、区块链、人工智能等为金融监管提供了新型技术，即监管科技，监管科技的诞生与发展降低了监管的成本，扩大了监管覆盖面，减少了监管者和被监管者之间的信息不对称，提高了监管的透明度，提升了监管的效率。

一、我国发展监管科技的必要性

（一）监管任务繁杂与监管体系力量薄弱之间存在矛盾

随着我国经济的发展，金融机构发展壮大，金融机构的业务规模不断扩大，业务范围不断扩展，业务复杂程度不断提升。

而负责互联网金融领域的地方监管力量相对薄弱。虽然 2015 年 7 月成立了中国互联网金融协会，在一定程度上规范了从业机构市场行为，保护了行业主体的合法权益，但是，与暴增的互联网金融机构相比，监管力量总体来说相对薄弱，存在监管任务繁重与监管体系力量薄弱之间的矛盾，各机构间还未形成监管合力，还存在监管滞后和监管真空现象，迫切需要利用新技术提升监管合力。

（二）金融风险"全程动态化"与传统监管"结果静态化"之间存在矛盾

众所周知，金融风险多种多样，而且随时可能发生并给金融机构带来损失，即风险具有全程化的特点。

但是，传统的金融监管是结果监管，是一种静态监管，仅仅在规定的报告期末，金融机构向监管部门提交其相关的财务指标，这样导致金融机构可能只选择在报告期末这个单一结果时间点满足监管要求，而在其他时间无视监管要求，即"橱窗粉饰"（window dressing），或者说过程风险无法有效监控。这也迫切需要有新的监管技术对金融机构经营过程进行全程动态监管。

（三）金融风险交叉性、隐蔽性与传统监管方式的行政化之间存在矛盾

随着"互联网＋金融"的不断深入，金融创新程度不断加深，互联网金融机构不断涌现，业务种类和规模不断增加，传统金融机构也纷纷创新业务发展模式，开展业务经营网络化过程，直销银行数量大增。在这个发展过程中，交叉性、关联性风险急剧增强，风险结构日益复杂，金融风险隐蔽性增强，传统行政化的监管方式很难及时发现、监控和规避这些隐蔽的风险，迫切需要引入新技术提高监管水平。

二、监管科技发展的技术基础

随着金融科技的发展，金融创新层出不穷，随着云计算、大数据、生物识别、人工智能、区块链等新技术在金融领域的探索与应用，金融机构利用新技术，不断优化业务流程和服务手段，推进技术架构转型升级。在众多支撑应用的技术中，云计算、大数据、区块链、5G等可以为监管科技提供核心技术基础。

（一）云计算应用于监管科技

云计算是一种通过网络将可伸缩、弹性的共享物理和虚拟资源池以按需自服务的方式供应和管理的模式。云计算与金融监管相结合，应用于构建自动化监管机制，提升金融行业合规程度。从部署的方式以及服务客户范围来看，云计算可分为公有云、私有云以及混合云三大类别。而金融监管机构出于对消费者数据隐私的保护以及网络安全的担忧，一般不接受通过公有云的方式访问自身数据，很多情况下仍需将服务器部署在自身机房，私有云可满足其监管信息保护的需求，在使用云服务的同时兼顾自身数据安全，避免公有云可能带来的信息泄露和网络风险。

（二）大数据应用于监管科技

互联网行业从诞生起就是充分应用大数据的行业，近年来大数据技术在金融机构营销、风控、业务运营领域均发挥了重要的价值。

在传统的监管体系下，对金融业数据呈现的碎片化现象缺少必要的分析工具，只能依赖人工判断，难以发现潜在的风险，很多时候只能事后监管，难以预先防范风险。对金融监管机构而言，依托大数据技术可提升监管决策水平与防范金融风险的能力，同时降低被监管机构的合规成本。首先，监管机构从不同的数据源头、不同的数据表头、不同的数据格式中进行数据萃取，萃取过的金融数据要进行清洗加工和数据转化，并将转化好的金融数据上传至监管数据库。其次，利用分布式计算技术，可存储监管部门的海量金融数据。最后，利用编程模型可快速、实时计算监管对象相关监管数据结果，还可以将复杂的大容量金融数据计算问题分解成多个子问题进行处理，数据处理难度大幅降低，计算效率也很高。

（三）区块链运用于监管科技

区块链赋能监管科技，在应用层面结合智能合约（一种旨在以信息化方式传播、验证或执行合同的计算机协议）的技术可以极大地提升监管效率、显著提升数据报送的准确性、强化 AML（Anti Money Laundering，反洗钱）与 KYC（Know Your Customer，了解你的用户）的效率、构建实时自动化的监管模式、加强金融监管的统筹能力。

1. 可以保证监管系统获取全链信息

区块链技术应用于金融监管，建立监管区块链，仍然是以中央银行为金融监管中心，以商业银行等金融市场主体为链上节点，每个节点都平等地参与到各种金融活动中。这些结构化和非结构化的交易信息都会全面、准确地记录在账本中，每个节点都进行了备份，而且全链共享，无法伪造和更改，可以有效克服原来数据孤岛、数据分割带来的监管真空等问题。而且由于区块链技术的兼容性和容错性特点，即使监管区块链上某个节点信息遭到破坏，也可以快速及时地从其他节点获取真实信息，保证整个监管区块链系统的正常运行，为监管系统获取全链信息、提高监管速度和监管效率提供保证。

2. 保证了信息数据记录时间的不可篡改

监管区块链使用公私钥加密算法，保证了信息数据的不可篡改。区块链采用的共识协议机制可以保证链上各节点交易信息的真实性，而且只有得到全链认可才能记录在链上每个节点，保证信息数据记录时间不可篡改。这种提供永久存储和加密信息数据的监管共享执行系统，通过加快速度和自动化大幅降低监管成本。

3. 区块链各个节点的信息公开透明

除私有链外，区块链的设计是透明的。监管区块链上参与金融活动与交易的主体的账户信息都在链上得以登记，并永久记录、保存下来，这些信息对链上所有节点都是公开透明的。与传统监管方法相比，各级监管机构可以更及时、更全面、更准确地实施监管，有利于降低监管成本。

4. 自动化编程技术实现实时监管

监管机构监管区块链上的重要节点，链上金融市场参与主体的一切活动尽收眼底。通过与大数据、人工智能技术的结合，借助智能合约，监管区块链通过设计访问数据共享的模式，无须其他组织或机构干预，可以自行完成相关信息的收集、存储、协调和汇总，打造能够实现事前、事中、事后的实时、动态、全流程监管科技架构，降低监管成本的同时提升监管效率。

（四）5G 应用于监管科技

传统监管方式下，监管机构主要依据金融机构的历史数据进行风险预判，缺乏进行实时跟踪了解的手段，而互联网拥有丰富的线上大数据，尤其是 5G 时代万物互联，通过物联网，能够解决这些问题。

通信的本质是互联互通，5G 应用于监管科技，通过虚拟经济和实体场景链接，突破之前依赖存档历史数据的限制，获取更广维度的金融监管数据，通过构建可信度更高的金融监管评价体系，对金融机构进行动态监管，可以更加精准地识别风险，进一步提升监管的准确性。

第四章 金融科技结合的应用变革创新

金融科技是金融和科技的融合体，是金融行业的创新和变革，对金融行业的发展产生了深远的影响。它以科技创新为支撑，利用先进的管理技术和方法，提升客户体验，提高经营效率，优化风险控制，降低营业成本，增加利润来源。金融机构依靠金融科技手段，通过场景化金融、精准化营销、智能化服务、智能化风控等变革创新，挖掘服务深度，拓宽服务广度，增加了抗风险手段，提高了经营效益。

第一节 新兴金融科技公司

互联网科技类公司从一开始就主导了金融科技行业的发展，随着其金融业务的不断深入开展，传统金融机构原有的市场逐渐被占领，经营优势被取代，其固有的经营模式的弊端不断暴露，不断产生的新的金融业态也表现出越来越大的竞争优势。

为了更好地在竞争中立于不败之地，大型国有商业银行纷纷出资设立金融科技公司，为银行体系提供技术支撑，同时又能为其他中小银行提供技术输出，金融科技市场主体呈现多元化的局面。互联网系和银行系金融科技公司展开多种形式的竞争与合作，双方充分发挥各自的竞争优势，实现优势互补，有力地带动金融业的跨越式发展。

一、主体创新

（一）互联网系金融科技公司

早期的金融科技企业多半是互联网领域的相关科技公司，即互联网系金融科技公司，如塔塔信息集团、蚂蚁金服、京东数科、度小满金融等。整个金融科技行业，初创企业众多，涉及金融科技众多细分领域，特别是 2013 年以来的互联网金融热潮，吸引了大批企业进入市场。2015 年以后，互联网金融科技行业高速发展，市场竞争越发激烈，监管机构频频出手，推动行业整合，市场集中度得到提升。

1. 创新优势

互联网系金融科技公司在自身互联网技术的支持下，率先实现了线上领域的突破，而低廉的线上运营成本使得其充分利用线上优势为发展线下领域提供捷径成为可能，在这种逆向发展模式的创新型思路指导下，早期的金融科技公司获得了独特的发展基础及优势。

一是管理机制更为灵活。早期的互联网公司的内部审批决策等环节，操作更为灵活，效率更高。

二是依托场景的产品设计更有实用性和创新性。场景化的消费、信贷、交易不仅生动形象，还能满足客户的各种生活、消费和投资需求，不断提升客户体验，从而提升获客率。

三是技术优势凸显。互联网系金融科技公司依靠技术发家，拥有得天独厚的互联网技术优势，可以快速建立现代底层架构，通过在技术上叠加金融场景实现进军金融行业的目标。

2. 发展劣势

一是大众接触不多，容易引发信赖度不足。互联网系金融科技公司最初都是名不见经传的小型科技公司，在短期内借助自身技术优势快速发展起来，如京东金融、蚂蚁金服等。虽然它们推出了一系列理财等产品，但是大众对其不熟悉，大多持观望态度，或者仅仅投入少量资金，而且一有风吹草动就快速收回投资，并没有将其作为重要的长期投资对象，客户黏性小，可信度低，不易建立稳定的现金流和客户群。

二是不具有品牌优势。由于互联网系金融科技公司最初都是在某个技术领域具有优势的创业型公司，因而市场知名度低，不具品牌优势。

三是缺乏众多的线下客户资源，而仅有的线上客户信赖度又不高，导致客户增长缓慢、数量有限。

（二）银行系金融科技公司

互联网系金融科技公司的不断发展壮大对传统银行固有的经营模式产生了巨大冲击，越来越多的传统金融机构感受到来自金融科技的挑战。大型商业银行纷纷直接出资自建金融科技公司,即银行系金融科技公司,进军金融科技领域,研制数字化、智能化、个性化的产品和服务,搭建金融服务云平台,建立智能化风控模型,很好地克服了原有业务办理过程中耗时长、流程多、成本高、风险大、效率低等缺点,将外部竞争和冲击内部化,又有利于摆脱母公司的体制束缚,引入创新机制,推动银行实现"内涵式"驱动发展。

先进稳定的金融基础设施是商业银行创新的技术基础。我国商业银行通过主动创设金融科技公司,与科技公司开展产品、技术和战略合作等,不断加快金融科技落地,这必将对金融机构的长远发展产生深远影响。

1. 创新优势

一是先天的信用基础和品牌优势更突出。利用母公司在金融业的品牌知名度,银行系金融科技公司自设立时就"自带光环",很有品牌优势,而且这也是母公司加速转型的契机,可以推动自身产品和服务价值链向外快速扩张。

二是线下客户数量大、黏性高。传统金融机构经过多年运营,具有大量的线下客户资源,银行系金融科技公司可以更有针对性、近距离地推出适合线下客户的金融产品和服务,从而保持较高的客户黏性。

三是科技服务范围更广。一方面,银行系金融科技公司的产品覆盖面更广,涵盖商业银行业务经营全部领域,不仅包括客户身份认证、营销,还包括风控、客服等,实现全方位、多维度技术创新。另一方面,银行系金融科技公司不仅为集团公司或母公司提供服务,还对同行业其他的金融机构进行技术输出,提供技术外包服务,科技服务范围更广。如金融壹账通,通过搭建国内最大的金融云服务平台,在服务本集团的同时,还为其他金融机构提供全方位、立体式技术支撑与服务。如兴业数金为村镇银行、城商银行和民营银行等提供银行云、普惠云、非银云、数金云等全方位科技解决方案。

四是产品适应性更高。银行系金融科技公司熟知银行各项业务,了解监管政策的导向,其推出的各项技术更加契合银行业务的开展,更能适应监管机构的要求,在自身强大的资金实力支撑下,能快速开发出适应传统金融机构需要的技术方案。

2. 创新劣势

一是银行系金融科技公司容易受母公司牵制和影响,市场化程度低,管理机制灵活性差。虽然银行系金融科技公司是市场化独立运营的法人机构,但发展初期,在很大程度上仍受母公司金融机构管理机制的影响；虽然风险小，经营稳定，但相对缺少灵活性。

二是不具有技术优势。传统金融机构原来就有 IT 技术部门、研发部门，具有电子支付清算、结算系统和全面的业务处理能力，但是由于基础设施的更新和维护需要花费高昂的费用，再加上对新技术潜在风险的担忧，银行系金融科技公司早期的技术研发和应用往往比较滞后，技术优势不足。

三是产品设计缺乏个性化、多样化。传统金融机构往往根据客户的结构化数据设计金融产品，缺乏对客户有关消费偏好、交易习惯等非结构化数据的深度挖掘和分析，导致银行系金融科技公司研发的产品往往有较高的同质性，缺乏针对性、个性化和多样化。这不利于客户数量的提升和客户黏性的增加。

四是业务操作方法容易落入俗套，业务流程烦琐。传统金融机构对传统业务的办理容易依赖历史路径，导致银行系金融科技公司对原有组织形态的过分依赖，不利于技术手段的革新、业务质量的提高和效率的提升。

二、合作模式创新

金融科技公司从诞生之日起，与金融机构之间就具有千丝万缕的联系。早期，金融科技公司以技术服务为主，商业银行和互联网系金融科技公司通过电商平台进行初级合作。随着互联网系金融科技公司势力的崛起和金融市场的不断深入，二者之间更多存在竞争关系。传统金融机构的市场被挤占，收入来源减少，切实体会到金融科技带来的冲击和挑战，开始布局金融科技领域，设立金融科技公司，争夺市场份额。随着金融科技的全面落地应用和金融监管手段的提升，金融科技公司又开始强调自身定位，重新开启与金融机构之间更高阶、更广泛、更深度的合作关系，实现优势互补，以谋求实现共赢发展。

一是开展产品合作、服务合作。金融科技公司和商业银行拥有不同的优势，双方可以开展合作，共享科技成果。国外如富国银行和 Paypal（贝宝）合作开拓电子支付业务。

二是技术研发合作。商业银行与高校或者金融科技公司进行合作，成立了金融科技研发实验室或者金融科技孵化基地，研究金融科技在金融业务场景中的应用，推动商业银行快速、全面转型。如中国银行与腾讯携手成立金融科技联合实验室，交通银行与苏宁共同设立"交行苏宁智慧金融研究院",杭州银行和科技公司共同组建杭州金融科技创新实验室。这种双方合作共建的模式加快了商业银行发展金融科技的进程。

三是建立战略伙伴关系,开展长期深度合作。金融科技公司强调自身科技为立身之本,与商业银行等持牌金融机构签订各类框架性的战略合作协议,建立更深层次、更高级别的长期战略合作伙伴关系。

第二节　传统金融机构的科技变革

金融科技应用于金融机构的客户身份认证、精准营销、风险控制、售后服务等,能够为金融机构赢得更大的竞争优势。拥有了金融科技,就会拥有更多优质的客户,就会拥有更好的未来。

一、商业银行的变革与发展

商业银行是一国金融体系的主体,商业银行经营状况直接影响到国民经济的稳健运行。在互联网金融飞速发展的背景下,金融科技作用凸显,银行业竞争环境复杂,商业银行的市场逐渐被蚕食,利润空间被压缩,迫切需要进行金融科技改革创新,实现新的飞跃。

(一)商业银行发展中存在的问题

银行业已成为我国国民经济的重要组成部分。银行业快速发展,为国民经济的发展发挥了不可估量的作用,但与此同时,其在新时代背景下也进入了发展瓶颈期。

1. 竞争复杂化

改革开放以来,商业银行积极摸索体制改革的规律。在特定的经济政策和收入政策的影响下,商业银行迅速发展壮大,成为主要的存贷业务周转单位,为我国实体经济的发展和社会进步做出了重大贡献。但随着经济全球化趋势的加剧,金融市场风险加剧、竞争加剧。在金融脱媒愈演愈烈之际,各种提供资金需求信息的金融科技平台纷纷涌现,使得小额资金划转和支付不再需要通过银行,融资模式更加高效便捷。金融市场形形色色的金融工具不断推陈出新,在丰富投资品种的同时,也吸引了资金盈余者把存款变成其他各种各样的金融资产。这都对商业银行资金来源的稳定形成了巨大的压力，使银行面临越来越大的竞争压力。以余额宝为例，作为一只货币市场基金，自 2013 年推出以来，其以低门槛、零手续费、操作简单、高收益率等优点吸引了众多投资者。即使 2017 年以后该基金多次下调个人账户持有额度和单日申购额度，到 2018 年年底依然拥有 5.88 亿客户，资产规模达 1.13 万亿元。2019 年 4 月，余额宝取消个人交易账户持有额度和单日申购额度的限制条件，2020 年第一季度，余额宝基金资产规模达 1.26 万亿元。

2. 时间成本高

从客户群体角度进行考察，限制商业银行发展的最直观的因素就是其时间成本高。一方面是受时间、空间的限制，很难满足客户的即时现金业务需求；另一方面则是业务办理程序烦琐，需要层层递进。在办理业务时，大部分业务都需要客户亲自到银行的指定网点办理，这就极大地限制了业务的高效、快速办理，不利于银行的长远发展。

尽管传统商业银行为迎合当前的发展趋势，积极地推广其在互联网方面的应用，如银行 App（应用程序）等，但这些都难以填平商业银行与互联网金融企业之间的沟壑。大多数业务，如开户、转账、贷款等都可以运用互联网技术摆脱时间、空间的限制，但是部分业务的办理却无法在网上完成，如客户要使用现金，必须去银行的指定地点存取。

又如在申请银行贷款时，申请者不仅需要提交各种资料报告，而且在申请者提出申请后，经过繁杂的程序，银行才能放款。在安全性提高的同时，时间成本也提高了。同时，业务办理的程序越多，人为因素带来的操作风险也越大。

（二）"科技 + 银行"在业务中的应用

"科技 + 银行"，即金融科技赋能银行业，主要体现在商业银行能够把金融科技充分运用到业务流程中，利用人工智能进行客户身份的识别、验证，为客户提供多渠道优质服务，提高客户黏性；利用大数据技术构建新型风控体系，利用区块链等技术平台实现资金快速安全的支付清算，利用云计算搭建底层架构，切实解决商业银行发展过程中遇到的问题；在场景、客户、服务、风控等方面抢占制高点，占领市场，提升效益，增强竞争实力。

1.通过生物特征认证客户身份

传统模式下，客户的身份认证一般都是通过实体银行卡加密码输入进行，业务办理受银行网点设施布局和服务人员多寡的限制。移动互联网时代，可以通过指纹识别、人脸识别等客户的生物特征，同时结合短信验证码等进行身份信息的认证。认证策略规则可以从用户、终端、访问位置、银行 App 等不同维度进行组合定义；身份认证提升用户体验的同时又有安全保护，其应用场景贯穿从登录银行 App 到发生交易的各个环节。目前，各家大型银行均推出刷脸取款业务，客户不用随身携带银行卡，也可在自助取款机上取出现金。

2.智能化客户服务

智能客服是人工智能技术在银行服务方面的应用。传统商业银行的在线客服都是由人工客服实现的，需要耗费大量的人工费用。而智能客服可以通过银行 App、微信等实现多渠道、全方位、全天候、低成本服务。如工商银行的智能客服"工小智"，就是通过短信、App、微信等多种服务渠道为客户提供"7×24"的全方位在线服务，并且识别率高达 95% 以上。

此外，很多银行营业网点通过推出智能客服机器人等完成线下智能化客户服务，主要是凭借多项人工智能技术，完成回答客户提问、指引客户、向客户介绍银行业务等多项服务。

目前，商业银行的在线客服都是人工客服和智能客服共同承担。这种双重服务方式使银行实现"线上＋线下""人工＋智能"的智能化、全方位的客户服务，随时满足不同社交习惯客户的服务需要。

3.客户画像、精准营销

大数据时代，大数据技术使银行不仅可以根据自己的结构化数据进行客户分析，还可以利用客户生活行为各方面海量的、看似杂乱无章的数据信息，深度挖掘隐藏在这些非结构化数据背后的客户个人偏好，即为客户画像，通过智能匹配系统，将银行用户进行群体分类。同时通过银行 App、短信、微信等渠道，推送迎合用户需求的银行服务和产品，适时地、智能化地提升客户体验，提高转化效率，实现低成本精准营销。

一是实现实时营销，即根据客户的实时状态，通过基于大数据的精准客户画像来推测客户的身份，并推荐相应的金融产品和服务。例如，根据客户所处环境、近期消费信息等有针对性地进行营销。

二是实现不同业务、产品的交叉营销。银行可以通过大数据技术对客户交易等数据的分析和定位，为个人客户和对公客户适时推荐互补产品或者业务关联的其他服务，为客户提供多样化、全方位的产品服务，实现交叉营销。

三是个性化推荐。根据客户所处年龄段、资产规模大小、风险偏好等，预测客户金融服务需求，对客户群进行精准定位，进而向其推送适合的银行产品和服务，有针对性地进行营销推广。

4. 优化运营，防控风险

构建高效的风控体系是商业银行进行有效风险防控的重要条件。金融科技的应用可以为银行提供全方位的风险防控手段和技术。利用金融科技布局风险防控，一般包括信用评分、反欺诈、贷中监测、催收等环节，覆盖商业银行信贷业务的前、中、后整个过程。如百融云创的信用评分模型，利用客户基本信息，判定客户信用风险，评估客户还款能力；反欺诈模型，结合海量多维客户信息，在信贷审核环节判别客户信息，精准甄别贷款申请人风险，有效帮助银行风险前置，及时防止客户欺诈，降低信贷审核成本；贷中预警模型通过制定贷中监控任务，对已经放贷的客户进行贷中监控，定期发起查询，通过规则集、评分等模块对其进行风险分级，为银行贷中环节提供策略支持。

5. 低成本、实时跨境支付

区块链技术应用于跨境支付，可以实现实时、低成本的双重目标。利用区块链跨境支付，首先把汇款人汇出的货币转换为指定的虚拟货币（代币），然后再转换成收款人所在国的法定货币，并支付给收款人，最终完成跨境支付的过程。这种方式可以实现每天 24 小时全天候不间断实时、自动服务，成本也比较低，汇款方和收款方都能很快获取汇款信息。这种跨境支付能够为客户提供更加方便、快捷的服务。

6. 云平台底层架构有利于降低成本

基于云计算的底层架构，能够降低银行成本。一是这种云平台底层架构具有资源弹性伸缩能力，可以为商业银行提供强大的计算功能，尤其是业务高峰期，可以迅速扩容，支持大流量、高并发的金融交易场景；二是为人工智能在银行业的应用提供技术支撑，满足智能风控、智能营销对海量数据进行分析与处理的技术要求，促进其高效、低成本地落地使用。

二、证券公司的变革与发展

2015 年 7 月 18 日，中国人民银行等 10 个部门联合发布《关于促进互联网金融健康发展的指导意见》，旨在加强对互联网金融的监管。与此同时，以云计算、区块链、大数据、人工智能为代表的金融科技的出现，使证券行业由此迈入了金融科技时代。

随着金融科技时代的到来，证券行业发生了翻天覆地的变化：第一，金融科技使证券行业回归其中介本质，"服务"成为比"牌照"更重要的竞争力；第二，金融科技打破了区域限制，让证券公司的服务范围更加广泛，也使竞争更为激烈；第三，金融科技大大提高了服务效率，也增加了精准服务的可能，同质化竞争逐渐减少，证券公司必须注重线上与线下的融合，才能立于不败之地，并实现长远发展。

（一）证券公司现有业务经营面临困境

我国的证券公司业务类型主要有四种：代理客户买卖证券的经纪业务、帮助股份公司承销有价证券的发行与承销业务、利用自有资金买卖证券的自营业务和受委托运营客户资产的管理业务。经过多年的发展，行业低水平竞争使证券公司的业务经营面临重重困境。

1. 经纪业务收入不断下降

证券公司发展经纪业务的过程中，营销模式单一，传统的降低交易佣金、向客户赠送小礼物、开户降低手续费用等营销模式和促销手段并不能使客户长期保持兴趣；老客户的关系营销不到位，服务营销主要还是传统的股票推荐、基金选择等，内容缺乏创新，无法长期保持客户的忠诚度和黏性；证券经纪人数量有限，不能及时、有针对性地满足各种客户的不同需求；证券公司目前的营业网点主要集中在经济发达的城市和地区，无法抓取大量长尾用户等。此外，行业竞争加剧，网上开户的普及使得交易成本降低。随着信息互通效率和精确度的提升，行业佣金不断下降，经纪业务收入在营业总收入中的占比不断下降。

2. 发行与承销业务量持续降低

一般来说，证券公司能从一次 IPO（首次公开募股）承销中收取 3%~10% 的手续费，这是一笔不菲的收入。但近年来，由于国际投行巨头的介入，投资银行业内出现兼并重组、强者恒强的竞争格局，国内券商尤其是中小券商生存环境更加严峻。2018 年以来，

IPO 发行家数和再融资规模显著减少，IPO 所带来的收入下降。2018 年 11 月科创板推出后，IPO 承销募集资金增加，对证券公司承销业务的提升起到一定的正向带动作用。

同时，发行与承销业务还存在着比较大的风险：一是券商的高成本与高风险并存。主要是在核准制下，根据证监会的要求，券商承担了挖掘、筛选、培育、辅导和推荐企业上市，以及股票发行、承销、保荐责任，前期需要投入的人、财、物等经济成本比较高，一旦哪个环节出现不合规现象，券商就要承担巨大的法律责任。二是人员因素的操作风险，主要是投行业务人员的风险。券商投行业务的风险防范主要依靠投行人员的尽职调查和信息披露，其专业技能和职业操守直接影响到券商风险。

3. 自营业务风险上升

证券公司的自营业务中，证券交易的种类、交易方式、交易价格具有自主性，证券公司可以根据自己的资金情况、市场风险状况等自主决定。自营业务资产规模近年来不断增长，但业绩波动比较大。一方面，自营业务的收益来自买卖证券的价差，而证券市场的价格具有随机性，所以自营业务具有的风险性高于其他业务。另一方面，因为新会计准则的采用，券商资产下的可供出售类金融资产被取消，权益资产的浮亏将更加直接地体现在利润表上，加剧了自营收入的波动。证券公司需要利用先进的数据模型和科技手段强化风控体系，规范标准化风控流程，提高风控水平。

4. 资产管理业务比例不断上升

资产管理业务，是证券公司作为资产管理人，接受投资者的委托，根据资产委托管理合同规定的方式、条件、要求与限制，签订资产管理合同，对客户（委托人）委托的资产进行经营运作，并为委托人提供证券和其他金融产品的投资管理服务的行为。

证券公司资产管理业务的推出，一是可以为客户（投资者）提供合理的投资建议和服务，有利于减少客户因专业知识匮乏和经验不足而产生的投资损失；二是有利于降低客户盲目投资导致的市场波动性；三是可以给券商带来收益，实现多样化经营，有利于分散风险。

近年来，证券公司资产管理业务比例不断上升。但是，从整体上看，主动管理业务比例不高，呈现以非主动管理为主导的基本特征。资产管理产品比较单一，产品线不够丰富，难以满足不同资产结构、不同风险偏好的客户需求。而且资产管理业务人才缺乏，资产管理产品收益率有待进一步提高，在资产配置风险管理方面的能力还有上升空间。

（二）"金融科技 + 券商"模式

金融科技赋能证券行业，为证券公司的发展带来了新的机遇。在监管越来越严格、传统业务缩水、业内竞争压力增大的环境下，各大证券机构开始投入大量的资金和人力，借助金融科技来增强综合实力。中国证券业协会从 2017 年开始将信息系统投入金额作为考核证券公司业绩的一项指标，2018 年有超过 30 家证券公司投入亿元级资金建设自己的信息系统。同时，证券公司纷纷开启了与金融科技公司的合作。2018 年 12 月 26 日，财通证券与蚂蚁金服开始了全面战略合作，助力财通证券实现金融科技能力的提升和财富管理的转型。

1. 智能投顾

所谓"智能投顾"，是主要以算法驱动的财务规划服务的数字化平台，用机器和程序代替人力，把复杂的被动投资决策变得更加自动化、主动化。

智能投顾的优势：

第一，降低门槛，捕捉长尾客户。传统投顾的门槛比较高，美国最低是 100 万美元，由此那些资产规模达不到最低要求的客户就被排除在外，但是这个群体数量最大。降低门槛，可以吸收长尾客户，增加投顾客户数量，增加业务来源。

第二，服务费用低廉。智能投顾就是"机器人理财"，不需要招聘庞大的线下理财顾问团队，人力成本比较低。传统投顾由于人力成本高，管理费用普遍大于 1%，而目前智能投顾管理费普遍在 0.5% 以内。随着理财规模的增大，边际成本将进一步降低，规模效益逐步显现，其成本优势将更加明显。

第三，信息透明。智能投顾为客户服务时，信息披露更加充分，金融产品选择范围、收取费用等方面的信息，客户登录即可一览无余。客户利用智能投顾，可以随时随地了解其全部投资信息和损益，而且智能投顾是利用编程软件，按照客户的要求为其理财，可以避免出现人工理财因私利而误导客户操作的情况，从而有利于降低道德风险，提升客户对投顾产品的信任度。

第四，投资建议更客观。智能投顾利用大数据分析、量化金融模型及智能化算法，将人工智能技术引入资产管理领域，将算法、大数据作为投资建议的依据，根据投资者的风险承受能力、财务状况、预期收益目标及投资风格偏好等，为用户提供智能化、自动化和动态化的资产配置建议，让机器代替传统的理财顾问，帮客户配置和优化投资组合。在给出投资建议时，可以消除感情、情绪等人为因素，也消除了不同投资顾问因经验、能力不同带来的服务非标准化问题。依据数据和算法，给出投资建议，可以在更大程度上保持投资过程的客观性，更能在任何情形下都做出正确的逻辑推理。

证券公司应用智能投顾，能够基于客户的风险偏好、交易行为等个性化数据，采用机器人收集和分析客户资料、制定和执行投资方案、进行后续维护等，实现智能系统自动化，为客户提供低门槛、低费率的个性化财富管理方案。智能投顾可以帮助客户简化理财流程，使其享受更方便快捷的服务，让用户足不出户，在移动端或者PC（个人计算机）端用最短的时间找到适合的投资标的，快速完成整个理财流程。2016年6月广发证券推出智能投顾"贝塔牛"系统，专注于中小投资者的财富管理诉求，吸收大量长尾用户。"贝塔牛"通过对投资者的风险偏好、投资风格进行深度分析，为投资者个性化地定制、推送操作策略，包括短线智能、综合轮动、价值精选、灵活反转等，客户数量不断增加。

2. 在线服务云平台

智能投顾在线服务云平台是"证券＋大数据＋云计算"的体现，是智能投顾平台提供的直接面向终端投资者的在线服务，让客户足不出户就能享受智能机器人的理财服务，服务内容、投资方法千差万别。智投平台主要通过客户情况调查、大类资产配置、投资组合选择、投资交易、自动调仓、资产情况和投资收益反馈等环节为用户定制个性化的理财计划。国内的大多智能投顾云平台选择的投资组合以境外ETF（交易型开放式指数基金）为主，再加上平台自身研发或代销的理财产品。

同时，配合大数据技术的分析能力，智能投顾在线服务云能够让投资者捕捉市场活动的规律，提前做好调仓等与投资相关的准备工作。

智能投顾在线服务云平台支持弹性的扩展，既能够在客户使用高峰期实现快速扩容，释放资源，以支持众多数量投资者同时在线实现金融投资交易，也能够在投资业务数量减少时收缩和节约资源。

但是很多平台仅拥有咨询资格，没有相应的牌照，不能接触用户的资金，只能托管至第三方，代替客户进行交易指示。

3. 测试云体系

面向证券机构企业内部的开发测试云是"证券＋云计算＋人工智能"的典型代表。开发测试云体系是在对现有开发测试的跨平台基础资源进行整合的基础上，利用云管平台的能力对软硬件基础资源进行按时、按需分配，以实现开发测试环境的弹性伸缩。在系统测试的高峰期压力过大时，测试云体系自动迅速扩容资源；在系统测试的低谷期压力过小时，测试云体系能够自动收缩资源，防止资源过度配置，实现弹性伸缩。

同时，结合人工智能技术，测试云体系可以对系统的故障节点进行自动补充，实现事前预警、事中恢复、事后存档分析。既可以减少人工重复性、低效率的干预，也可以降低成本，提高测试云体系的性能。

测试云体系的开发和推出，克服了原有证券机构内部测试体系庞大、杂乱、运维压力大、基础设施资源浪费严重的弊端，降低了运维成本，提升了证券机构整体的系统测试水平。

4. 基于区块链的证券交易

区块链应用于证券交易，其典型的应用场景是证券场外交易。

该交易涉及证券的登记、转让、抵押或质押等环节，整个过程更加复杂，涉及交易主体更加广泛，包括股票持有人、银行、券商、交易所、登记机构等，材料流转环节比较多。在传统的证券场外交易中，流转规范化程度较低，交易的成本高、速度慢、交易透明度低，容易发生纠纷。

而采用区块链技术，证券交易区块链上各交易主体都能够共享交易信息，做到一次交易、信息多方检验与验证，可以有效地缩短交易数据和凭证验证的时间和次数，降低交易的成本，提高交易的效率。具体而言，区块链应用于证券交易具有四大优势：

一是投资者可以绕过第三方机构（如中央登记结算机构），实现点对点交易，交易流程缩短，交易效率提升，证券交易成本也大大降低。

二是采用分布式存储，避免单点故障，提高运行及清算效率。

三是实时同步账本，实现即时清算，确保交易中心数据的安全性，杜绝单点故障风险，增强系统安全性。

四是借助智能合约，推出标准化、自动化清算，提高交易自动化和系统智能化水平，帮助监管层鉴别违规操作。

在国外，日本证券交易所与 IBM 合作开展区块链技术测试，澳大利亚证券交易所采用区块链技术取代现有清算及结算系统，纳斯达克证券交易所已上线基于区块链技术的 Linq 私募证券交易平台，允许股票在该平台上进行发行与交易。2017 年年初，由工业和信息化部支持，黑龙江省人民政府主办，齐齐哈尔市承办的北方工业股权交易中心，是一家全国性股权交易所，也是目前中国北方最大的"区块链+"股权交易平台。

（三）证券科技创新发展面临的新问题

1.海量数据分析和共享与客户隐私安全保护之间存在矛盾

金融科技应用于证券业，尤其是智能投顾，其全方位、动态化的服务是以客户全方位、多元化的海量数据分析和共享为基础的；区块链则实现了金融机构之间信息的互联互通，证券科技让证券业以全新的面貌呈现在客户面前。但是，这又给客户隐私安全带来挑战。想要在给客户提供智能化服务的同时，又能安全地存储数据、不引起客户的不良敏感反应，既需要不断提高证券科技水平，又需要加强相关立法和监管措施，有效保护客户的隐私。

2.促进行业创新与监管水平有限之间存在矛盾

证券科技的应用丰富了证券市场的业务类型，产品种类日益呈现多样化、精细化和交错复杂的特点，优化了证券业的服务方式，改变了机构内组织和市场的分工，提升了服务效率。同时，也产生了新的风险，金融机构服务的数字化、虚拟化、智能化的特征容易掩盖某些机构内幕交易等违法行为，给市场的安全稳定运行带来了极大的隐患，给现有的监管机制和监管能力带来了新的困难。证券科技依托证券中介机构快速发展的同时，又能够推动证券监管科技的发展，提高证券科技监管的有效性，保证证券公司长远合规发展。

3.新的技术风险的产生与相关技术人才短缺之间存在矛盾

"金融科技+券商"是在技术基础上构建智能化架构，但由于券商金融科技发展尚不成熟，一般通过业务外包方式实现相关信息化系统等基础设施建设。但双方发展方向不同，容易出现第三方外挂程序的合规风险，以及数据泄露、信息缺失、身份认证错误、交易指令篡改、外部攻击等方面的技术性风险。证券公司虽然也有自己的IT技术人员，但是数量严重不足，无法和目前日益增加的业务数量、业务种类相适应。证券公司急需证券科技领域的技术人才，有超过90%的证券公司表示出现了不同程度的IT人才短缺问题，这也对证券科技的进一步发展和应用造成了一定的阻碍。

4.仍需进一步扩展区块链在证券行业应用的广度，挖掘应用的深度

目前国际上区块链技术在证券市场的应用包括场外证券发行、登记、清算、结算以及衍生品管理等，而国内的券商区块链应用大多还处于萌芽起步阶段。在移动互联与交易接入、大数据与用户画像、人工智能与客户服务等方面已经有很多机构进行了尝试和应用，但仍存在一些技术方面的问题，还需要进行广泛的场景试验。特别是区块链这种可能涉及多方交互的技术路线，需要各合作方本着开放的态度，共同探索合适的业务场景，进而大幅提升投行业务效率。

第三节　金融新业态——"网链"银行

未来可以没有银行，但不能没有银行业务。换句话说，金融科技可以在形式上颠覆传统金融，但不能改变金融服务经济社会的本质，即传统金融不可能被金融科技手段所取代。未来将是金融科技与传统金融的深度融合，金融科技将会对传统金融在经营管理模式、业务模式等方面进行彻底变革。

金融科技，关于这个概念的界定目前仍然没有一个统一的说法。因为科技在发展，金融的需求也在变化，因此对金融与科技的融合，无论是从模式上还是从内容上都无法和某一数学定义一样给出一个确切的限定。但至少我们可以说，凡是金融与科技能相互融合的均可以称为金融科技。由于科技不断发展，人类对科技的认识还有待进一步深入，其在金融业的应用及推广受影响，未来的新业态还处于进一步的演变过程中。但结合现在的大数据、云计算、物联网、区块链，至少有一些业态会成为未来一段时间的发展方向和主体，如"网链"银行。

"网"，指互联网、物联网；"链"，指区块链。以互联网、物联网技术、区块链技术为底层技术架构，将金融资源与服务上"网"、上"链"，结合5G、大数据、云计算、AI（人工智能）、AR（增强现实）等技术，实现信息、数据等的共享，形成一个金融共享体。互联网是利用信息通信技术实现的流量网络，而物联网则是利用RFID等底层技术将"物—网—物""人—网—物"连接起来，与终端平台进行相互通信和信息交换，以实现智能化交互。与传统银行结合的互联网银行能够带来传统经营模式的颠覆性变革，而与区块链技术相结合的物联网银行则可以从生产关系上改变商业银行，从而改变整个金融业。

一、"网"之别——互联网金融与物联网金融

物联网一词最初来自传媒领域，被用于强调被标识物品的特征。但随着信息技术第三次革命的发展，其应用范围不断扩大，其定义也在不断发生改变。目前人们普遍认为物联网是互联网的帕累托改进，将通信网进行拓展与延伸，在利用感知识别技术收集物理世界信息的同时，通过互联网将收集的各个信息进行汇总、分析，再传回物理世界，以实现物与物、人与物等信息的无缝连接，从而达到对物理世界实时控制、精确管理和科学决策的目的。而物联网金融是在物联网技术满足一定的物质需求后，与互联网金融高速发展融合以解决当前的经济困境的基础上逐步演化产生的。

虽说商业银行一直在进行互联网优化升级，并积极与互联网企业进行合作，但在即将到来的大数据时代——物联网时代，互联网金融与物联网金融存在着诸多差异。

1. 本质属性

从本质属性上看，物联网金融与互联网金融的主要区别在于它们的来源不同。互联网金融来源于虚拟经济，并服务于虚拟经济，主要作用是创建金融平台以推动金融创新，如现在应用较为广泛的第三方支付平台——支付宝。而物联网金融是从实体经济的需求出发并服务于实体经济的，在创建金融平台的过程中，有效地融合了信息与资金、货物，实现了钱和物的使用价值，如在物联网供应链金融中，物联网就很好地促进了企业与上下游企业的战略合作关系，提高了整体企业的竞争力。所以，从本质属性上看，在为实体经济创造价值的能力上，物联网金融更胜一筹。

2. 运行机制

从运行机制上看，两者的区别在于侧重点不同。互联网金融旨在创建一个"人—人"交流的平台，但是在二者的交流中，互联网只是进行平台的创建，缺乏相应的信用风险控制机制，这就容易引发信息不对称导致的逆向选择和道德风险。而物联网金融不仅仅是搭建了一个平台，更注重"人—物—人"的交流，在交易过程中，物联网可以实时监控整个物品的状态，对交易的整个过程做出最真实的反映，从而在最大限度上防范了信用风险的发生。因此，物联网金融能在运营过程中实现风险防范的嵌入，这是互联网金融本身做不到的。

3. 影响程度

从影响程度来看，互联网金融对金融创新只发挥一个量变的作用，它只是运用互

联网技术对业务模式和经营方式进行了改革与创新，其本质并没有超脱金融体系本身，其发展只是金融体系的进一步完善。但物联网金融使金融创新达到了质变的效果：物联网与金融的融合，不仅对整个金融业产生了影响，更将传统的信用体系、价值体系乃至服务体系等多个层面的价值观进行了颠覆，所带来的不仅是金融业，更是整个社会的一种全新的改革。所以，从影响程度来看，互联网金融的革命性不如物联网金融的彻底。

表4-1 物联网金融与互联网金融的主要区别

区别	物联网金融	互联网金融
服务群体	三大产业客户	消费领域客户与微型企业
运营模式	定制化、特殊化	同质化
信息来源	实时动态	相对静态
成本影响	全面降低成本	降低流通成本
风险控制	全方位监管	缺乏有效监管
模式创新	商业模式改革	服务渠道变通

结合表4-1，从以上三点进行分析可知，从本质属性来看，互联网金融为实体经济创造价值的能力远不及物联网金融；从运行机制来看，相对互联网金融，物联网金融更加可靠顺畅；从影响程度来看，物联网金融的革命性更强一点。综合分析而言，物联网金融远胜于互联网金融，因此在物联网技术到来之际，商业银行势必要进行物联网化的改革。

二、传统银行的形式颠覆：互联网银行

互联网银行又称网上银行、在线银行或电子银行，是银行在互联网中设立的虚拟柜台。银行通过互联网向客户提供开户、销户、查询、对账、行内转账、跨行转账、信贷、网上证券、投资理财等服务项目，使客户能够安全、便捷地通过网络、移动客户端等远程管理活期和定期存款、支票、信用卡及个人投资等。银行客户只要拥有账号和密码即可办理业务，个人客户可以通过网络进行个人银行业务的查询、转账、网上支付和汇款等相关业务，通过银行推出或者和第三方合作搭建的电商平台直接进行商品和黄金的买卖，完成个人和家庭的日常消费支付与转账。企事业组织可以通过企业网上银行业务完成组织内部调配资金、网上支付和工资发放业务、信用证相关业务。

互联网银行的本质还是银行，但是物联网、云计算、大数据等技术在金融中的广泛应用，从根本上改革了银行业的交易模式。银行利用网络进行金融销售和资金获得

渠道上的创新，将金融活动从线下转到线上，使得银行业的功能和效率得以大大提高，交易可能性边界得以拓展。越来越多的互联网银行不断涌现，改变了人类的金融模式，丰富了银行业的外延，在推动金融理论发展的同时丰富了金融的实践。

与传统银行的经营模式相比，互联网银行的优势体现在以下三个方面：

一是能够利用互联网替代传统金融中介和市场中的物理网点和人工服务，减少人员费用，降低银行经营成本，有效提高银行盈利能力和银行后台系统的服务效率。

二是互联网银行业务的开展不受时空的限制，可以在任何时候、任何地点，以任何方式为客户提供金融服务，能够大幅降低客户的参与成本、搜寻和匹配成本，拓展交易边界。

三是能够为客户提供更加合适的个性化金融服务，吸引和保留优质客户，实现客户存量和增量的同时，增加新的利润来源。

按照有无实体网点，互联网银行主要包括直销银行和虚拟银行。

（一）直销银行

直销银行不以网点柜台为基础，不发放银行卡，其经营主要通过移动终端、互联网等远程电子媒介渠道，实现银行业务中心和终端客户随时随地远程直接连接，办理各种业务而不受传统实体网点的限制，对客户具有很大的吸引力。

为了适应金融科技的迅猛发展、客户金融消费偏好的转变和金融市场化程度的不断加深，国内商业银行纷纷推出直销银行业务或者建立直销银行部。早期的直销银行是传统银行服务在互联网上的延伸，即我们一般所说的网上银行。直销银行在现有的传统银行的基础上，利用互联网开展传统的银行业务交易，即传统银行利用互联网作为新的服务手段为客户提供在线服务，是初期阶段绝大多数商业银行采取的网上银行发展模式。2014年，民生银行成立了国内首家直销银行，推出"如意宝""民生金""基金通"等纯线上金融产品。2015年11月，中信银行与百度共同发起成立了百信银行，这是我国首家独立法人模式的直销银行。到目前为止，国内大多数商业银行均推出直销银行，其中股份制银行、城商行比较踊跃。

通过直销银行经营，利用扁平化的组织结构，银行可以进一步明确目标客户的群体范围，让客户更便捷、高效地获取直销银行的产品和服务，有利于提升客户的满意度。

现阶段国内直销银行业务模式同质化较严重：一是获客渠道普遍以线上为主，很少形成差异化客户定位；二是直销银行主要是作为母行的一个部门存在，大多没有实现独立运营，如民生银行直销银行、北京银行直销银行；三是上架产品以货币基金、储蓄和各种理财产品为主，产品雷同度比较高，还需要开辟新的客户渠道，推出差异化产品，实现市场化独立运营。

（二）虚拟银行

1995 年 10 月 8 日，美国安全第一网络银行在亚特兰大成立，这是全球第一家虚拟银行。这家银行没有总部大楼，没有营业部，只有网址，所有交易都是通过网络进行，员工也只有 10 人。之后，虚拟银行在韩国、新加坡、英国等国家相继出现，对当地金融行业产生了巨大的影响。

2019 年 3 月 27 日，中国香港引入了虚拟银行交易机制，首批向三家机构授予虚拟银行牌照。这是香港互联网银行发展史上具有里程碑意义的重要举措，将会给中国内地银行业的发展带来深刻的影响。

到目前为止，虚拟银行并没有固定的说法，但是一般情况下，虚拟银行具有以下特点：

一是虚拟银行以法人形式经营，不设立实体分行，只有一个办公地址。与直销银行一样，利用虚拟信息处理技术等高科技服务手段与客户建立密切的联系，只能进行在线操作，并提供全方位的金融服务，也没有实际的物理柜台，没有分支机构，不设实体网点，只依靠网络或手机提供银行服务。

二是客户主要是个人及中小企业客户，主要从事零售业务。

三是业务全面，具有全银行牌照。根据香港《虚拟银行的认可》指引，虚拟银行本质上还是银行，可以办理与传统银行一样的业务，业务类型不受限制，不仅可以办理存款、贷款和汇款三大银行核心业务，还可以开展票据、结算、信用证业务以及代销理财产品等。而我国内地的 5 家互联网银行和直销银行等属于民营银行，还不能开立 I 类账户，尚不具备正式的大额存单吸储资格，资金主要来源于同业银行。而我国香港的虚拟银行具有全银行牌照，可实现远程开户功能，与传统银行接受同一监管，这样就可以吸收各类存款，资金来源多样、稳定，同质化低。

虚拟银行的推出是建立智慧银行的重要一步。虚拟银行业务的全面开展、虚拟银行的发展壮大，必将进一步推动金融科技更好地服务于经济发展。

三、传统商业银行再造："物联网＋商业银行"

商业银行是一个极度依赖信息技术的行业。在商业银行存在诸多短板的今天，物联网技术的引入，可以彻底改变商业银行的资金、货物与信息状态，势必会引发新一轮的"爆炸"，"物联网＋商业银行"将是金融与科技深度融合的典型模式。

（一）物联网金融的经济学解释

物联网的产生与发展，为银行业的改革创新创造了良好的条件。无论是从技术角度来考虑，还是从客户、银行的需求以及银行的制度等方面进行考量，物联网技术的运用都将把商业银行推向高效、快速发展的道路。

1. 解决信息不对称问题

信息不对称问题一直是限制银行业高速发展的主要因素之一。银行信息不对称的漏洞太大，涉案者了解银行，但银行对其却不了解，虽然可以通过多方面进行考证，但对其信息占有终究不够全面。

而在物联网金融模式下，此类案件发生的概率将近乎为零。利用物联网技术，可以将整个物理世界整合为一个全方位透明的信息系统，可随时随地掌握特定的人、物、事的动态，有效解决类似的信息孤岛与信息不对称问题。总之，运用物联网技术，商业银行将会进入一个信息较为完备的状态，为其高效地做好风控奠定信息基础。

2. 优化社会资源配置

根据科斯第一定理，在交易费用为零的条件下，不管期初的产权分配制度如何，在正常的交易活动中，财富最终都会流向机会成本最低的领域。一直以来，只有在理想状态下，交易成本才会为零。但在物联网模式下，整个物理世界就是一个信息交互系统，哪里有需求、哪里有生产以及其价格信息都一目了然，根本不需要中间商的介入。而作为金融服务产业的商业银行，其交易完全可以在线上完成，且交易成本几乎为零。商业银行在物联网的帮助下，实现决策的智能化，从而将资金导向最为合理的地方，实现对社会资源的最优配置。

3. 促进风险有效管理

商业银行的收入源于"低息"吸收存款、"高息"发放贷款，即利差。在此过程中，吸收存款是前提，但是懂得如何放款是关键。如何进行贷款风险控制一直是悬在商业银行高效发展头上的一把利剑。物联网可以让商业银行在信息层面完全感知实体世界，无论是在时间维度还是在空间维度，利用传感器技术连接物联网均可准确追踪物理世界实体经济运行的每一个阶段，全面有效地降低资金交易的风险。

4.拓展金融可能性边界

经济学原理告诉我们，在资源一定的条件下，由于生产条件的约束，生产可能性曲线是逐渐向下倾斜的，即其曲线是外凸的。但是，如果引用先进的技术，随着生产要素质量的提高与生产和要素组合方式的改进，产出会增加，生产可能性曲线平移。这一理论同样也适用于商业银行。

在物联网打造的"零边际成本"的模式下，传统生产条件的约束将不复存在，单纯从理论上来说，生产组合将会无限扩张，即金融交易将不再有边界，这将使金融机构的业务扩展到更多、更大的业务领域。例如，逐渐兴起的物联网公共服务，只需要一张与物联网进行对接的标识自己身份的智能卡，即可当作通行证在各个公共服务领域运用，如果再与银行卡进行对接，一卡在手即可自动划扣燃气、水电费等。

（二）物联网金融对商业银行的影响

作为互联网金融的高级形态，物联网金融对商业银行的影响体现在各个方面，最直观的影响体现在四个方面：信贷业务、内部管理、风险控制及资产管理（见图4-1）。

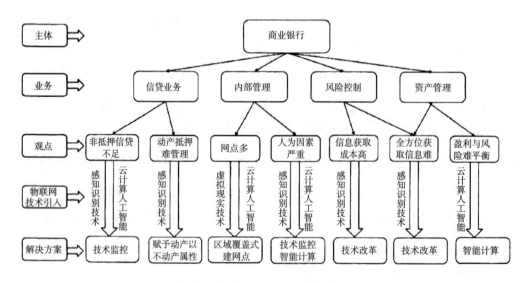

图4-1 物联网金融对商业银行的影响

1. 信贷业务

信贷业务一直是商业银行发展的重点，但长期以来一直以抵押类的信贷业务为主，对庞大的非抵押类的信贷需求"视而不见"，这并非银行不想开展此类业务，而是开展此类业务的信用风险、道德风险太高，而现阶段银行的防控能力不足，导致银行不得不放弃此类业务。若商业银行引入物联网技术，就可以对企业的生产过程进行实时的感知与监控。那么，在小微企业没有固定抵押物的情况下，银行也可以对其进行放贷，并用物联网对其实施全方位的监控，在小微企业出现问题苗头之时提前将风险扼杀在摇篮中——及时收回贷款或加大投入，防止企业走向失败。这样一来，对银行来说，收获的不仅是非抵押类贷款所带来的庞大的客户群体，同时也会颠覆整个信贷系统，为每个客户设计出多元化、特色化的金融产品，为商业银行创造巨额财富，提升其竞争力。

将物联网技术引入商业银行，对银行抵押类贷款也将带来巨大变革。过去银行主要经营地、房、车以及资产等基本属性不会变的信贷业务，这类产品虽然有较强抵御风险的能力，但其投资周期长，整体对市场行情的依赖性强，流动性差，银行若将过多的资源投入其中，在其因突发问题面临困境时将无法提供帮助。相反，若运用物联网技术，就可以对客户的不动产进行抵押，用感知识别技术对不动产的属性——进行标识并进行实时监控，这样既不用担心客户对不动产进行重复质押，也不用担心不动产随市场波动贬值给银行带来损失，更可以将其"出售"以防止随时发生的危机。

2. 内部管理

在商业银行的内部管理方面，物联网对其影响主要表现在两个方面：一是对其网点的建设进行改造。商业银行在空间上的局限性较大，银行网点的分布太少影响其业务的发展，网点过多则造成资源的浪费。若运用物联网技术对银行的网点进行改造，可以技术升级应用满足客户的需求，还可以点概面，通过建设区域物联网商业银行映射整个地区，达到减少营业网点的目的。同时通过虚拟现实技术，实时走近客户，达到网点减少而服务不减的目的。二是对人员管理模式进行改革。现阶段的银行管理工作仍是以人作为主要的枢纽来进行的，但操作人员众多，程序复杂，在实际的操作过程中，难免会发生人为因素生产资料遗失的道德风险和操作风险。这些虽为小概率事件，但越是小概率事件，其发生造成的损失越是难以挽回。在运用物联网技术时，借助感知设备对银行的重要部件进行实时监控，实现以物管物的操作策略，杜绝人员操作失当的问题，可在最大限度上避免此类事件的发生。

3. 风险控制

风险控制能力一直是衡量商业银行能否实现高效发展的重要标准之一，因此，对风险的把控一直是银行研究的重点及难点。传统的商业银行一般都是通过人员现场走访、调研等方式来了解客户的"真实水平"，由此就存在两个弊端：一是在走访过程中，因为人是非客观因素的主体，易造成资料遗失、缺漏，还会受某些随机因素的影响而有主观意愿的改变；二是采用实地走访的方式将会增加人力、运营成本，还会因为技术因素而使实地调研的时间过长，无法实时全面地了解客户的真正状态。而运用物联网技术可以有效地解决这些问题。将物联网设备直接与客户进行连接，对生成过程的每一个环节进行监控。从信息的角度进行考虑，运用物联网技术，将整个客户的状况实时转化为信息，不仅公开而且真实完整，近乎屏蔽了人为因素的干扰；就技术层面而言，这样不仅减少了人力成本，降低了时间成本的输出，而且更有效地防范了风险发生的可能，减少了风险管理损失，最大限度上提高了风险管理效率。同时，对银行的业务而言，与其"守株待兔"，不如主动出击，物联网为银行提供了实体世界的数据，使其通过数据对比分析，找出适合的客户，为客户构造量身打造的风控模式，将有助于提高银行风险控制决策的科学性。

4. 资产管理

一般来说，银行的资产配置状况关系着承受风险的能力以及盈利的水平。要保证银行的抗风险能力，其风险较高的投资就必须减少；反之，投资风险较低的行业，其盈利水平就很难得到保证，银行必须根据自身经营状况，权衡利弊，找到安全运营与追求盈利的最佳结合点和平衡点。

物联网金融就可以帮其找到这么一个平衡点。对物联网来说，整个世界就是一个可以计算分析的信息体，运用大数据技术与人工智能技术，可以对当前市场的核心进行判断，抓住机遇，把握节奏，提前了解客户需求。依据客户的需求为其量身定制各种业务，根据业务的需求不断调整银行的资产结构，从而达到盈利能力与抗风险能力两相平衡的状态。

（三）"物联网＋商业银行"的战略构建

商业银行进行物联网化的升级是其突破当前瓶颈，进入快速发展阶段的一个新的尝试。要发展成为物联网商业银行，应从横向以及纵向两个标准来进行探究。

1.横向标准

从行业层次来看，横向标准即在某一时间段内对行业进行全面的标定，对物联网商业银行制定其硬件与软件设施标准，其中硬件设施主要是指物联网商业银行所依赖的技术，软件设施主要是指物联网金融的四大能力。

（1）深化技术应用。要做到"物—物"互联乃至万物互联离不开技术的发展，而物联网商业银行的构建就更离不开技术的发展。要真正构建物联网商业银行，就必须熟练使用感知识别技术、虚拟现实技术、云计算和人工智能技术。

感知识别技术就是利用特殊的标记方法，对安置有感知设备的物体进行标定，将物理世界上升到信息世界，这是物联网特有的标定方式，也是物联网商业银行核心技术。通过感知识别技术，构建一种独特的坐标代码，就可以实时监控银行抵押物的状况，向动产赋予不动产的属性，降低对抵押物的管理难度，同时还可以节省不少人力资源以及时间成本。而且若将此技术运用于借贷企业，就可以对借贷企业进行实时监控，一旦借贷企业出现问题，银行可以更早地清楚借贷企业出现的问题，及时对贷款进行处理，及时收回贷款减少损失或进一步加大贷款投入以获取更大的回报。

虚拟现实是将感知识别技术传回的数据进行重现，让信息世界返回物理世界，以实现物理世界空间上的"移动"。一方面，可将虚拟现实技术运用于观察企业运行状况；另一方面，也是最为重要的，就是将其运用于银行网点的运作。商业银行的网点受时间、空间的限制，而采用虚拟识别技术将打破这一限制。客户可通过虚拟现实技术及时"进入"银行网点办理各种业务，同时也将避免客户在办理业务时出现遗漏问题。若将虚拟现实技术与感知识别技术相结合，可以打破商业银行的枷锁——实体货币。通过虚拟现实技术，商业银行完全可以制作出电子版的人民币，将其与人脸识别等感知识别技术相结合，将"电子人民币"与人挂钩，通过机器识别，完全可以解除实体货币的限制。

云计算是一种基于互联网的计算新方式，是在互联网计算的基础上向各种应用提供硬件、软件等各种服务的系统，通过云计算可以更为精确地衡量个人或企业的财产状况、信用状况、运营能力、还款能力等，从多方面对借贷企业或个人进行考量。一方面避免了在放贷过程中的人为影响因素，另一方面可以通过云计算及时监控企业的运营状况，一旦数据显示偏离正常轨道，就可以及时更正。同时，运用云计算可以了解各地区、各企业及个人对资金的需要，及时"送货上门"，不仅可以拓展自己的业务与金融创新服务，更可以积累广大的资源。如图 4-2 所示，如果将云计算运用于货币物流管理上，则可以减少货运成本、提高服务质量。

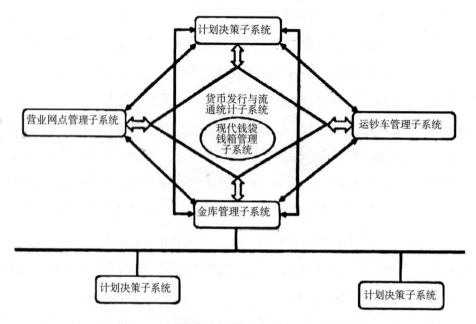

图4-2　现代货币物流管理系统

人工智能是研究、开发模拟、延伸和扩展人的智能的理论、方法、技术及应用系统的一门新的技术科学。在物联网商业银行中，主要是通过人工智能降低人这一主体在银行业中发挥的重要作用。运用人工智能一方面可以降低人工成本，另一方面则是通过与上述三种技术的结合降低甚至是杜绝人为因素在银行业的发展过程中的影响。

（2）提升四大能力。要构建物联网商业银行，商业银行就必须拥有物联网金融的四大能力——数字化风险管理能力、个性化定价及产品开发能力、数据分析能力、持续的创新能力（见表 4-2）。

表4-2　物联网商业银行需要构建的四大能力

物联网金融四大能力	在银行业中的具体表现
数字化风险管理能力	建立各种信用模型全面管理自身的风险
	通过对不良贷款分类，识别违约倾向较高的客户群体，进而评估潜在的风险敞口并制定补救措施
	建立实时的抵押品应估值能力，充分覆盖债务风险
个性化定价及产品开发能力	综合利用变量、评估、趋势分析和客户细分等手段，开发一系列的定价模式和具有不同特性的产品
	提升产品开发能力，确保定价符合客户的整体财务状况
数据分析能力	分析和处理各种新数据，理清其中的深层含义
	向客户提供高度个性化、有价值且具有实际意义的产品和服务
	推动银行向"全时银行"转型
持续的创新能力	预测未来客户持续变化的需求，并采取相应的创新行动
	建立快速创新的能力

在未来一切可信息化的物联网时代里，信息的获取将不再是难题，但如何在庞大的数据库中寻找到合适的数据将是成功的关键，因此物联网商业银行必须具有完备的数据分析能力，然而仅有数据分析能力显然不足，如何应用才是关键。在这些信息程序化、数字化的同时，商业银行要拥有持续的创新能力，根据收集到的不同客户需求开发出特定的金融产品来迎合客户。

2.纵向标准

所谓纵向标准，即针对某一方面从时间维度来考虑、标定其行业标准。对物联网商业银行来说，其纵向标准有两个：服务和评价。要想有良好的服务态度，首先要做的就是把控其思维。因此，在构建商业银行的过程中就必须打破商业银行长期以来的固化思维。思维的改变只是第一步，接着就必须对整个行业进行评价，评价的好坏就在于行业标准订立的好坏。

（1）打破固化思维。要将传统的商业银行打造成适合当前发展潮流的物联网商业银行，首先应对其进行思想改造，若思想不能转变，无论其外表改造得多好，在长期的思维定式的禁锢下，物联网商业银行的发展也将会止步不前。因此，要进行物联网商业银行的构建，首要的任务就是植入物联网思维，将其植入商业银行的各个方面，最主要体现在以下三个方面：一是发散抵押思维。物联网技术可实现银行对企业的实时监控，整个企业对银行来说就是一堆可视化的数据，对现阶段不好抵押的动产，也可以利用感知识别技术赋予其不动产属性，实现动产的抵押，同时在风险控制得当的情况下，银行可以省略抵押实物管理这一步。二是打破二八思维。传统的商业银行依靠 20% 的优质客户来产生 80% 的利润，这样一方面将丢失广大的客户群体资源，另一方面对 20% 的优质客户"薅羊毛"过多，不利于其长远发展。物联网技术完全可以帮助银行囊括长尾客户，无论是利用动产抵押，还是利用供应链金融将小微企业上下游联系在一起，绑定的"两端"可以为中间企业提供担保，有效解决小微企业融资难、融资贵的问题。三是摒除主观思维。主观思维具有较大的偶然性和偏差性，物联网技术可以将物理世界信息化，运用大数据、人工智能等技术，可以实现整个经营过程的客观重现，阻断人为因素的干扰。要将物联网思维植入商业银行，做到以上三点还远远不够，其只是为物联网商业银行的思维改革做了铺垫，物联网思维的转变，需要在实际应用中不断发掘改变。

（2）重订行业标准。目前为止，物联网商业银行的行业标准尚未订立。一是由于物联网商业银行的发展目前只是在由理论层次向实践层次进行尝试，未来物联网商业银行的发展方向尚不明确，其行业标准无法订立。就拿实体货币来说，其就有两个发展方向，一个方向是完全脱离现在的模式，利用感知识别、虚拟现实等技术将货币虚拟化。另一个方向就是利用大数据、云计算数据等精确计算，减少资源在货币物流管理方面的消耗。二是法律体系不完善，并不敢轻易对金融行业的龙头企业，即银行业进行行业标准的确立。在物联网商业银行的行业标准还没有确立之前，任何对商业银行进行构建的行为都存在风险，不仅会影响未来业务在生产、生活中的开展，更会直接影响物联网商业银行的推广和实践。

3. 行业整体构建

如图 4-3 所示，要构建好物联网商业银行，就必须从时间、空间等多个维度对其进行考量。以技术水平提升能力，能力的提高反过来促进技术的发展，这样不断地相互作用拔高了物联网商业银行的横向标准。在以人为本的社会里，能力的提升只为了得到更好的服务，因此能力的提高在不断提升服务行业思维的层次、行业的标准。而行业标准的订立又要求技术不断革新。横向标准带动纵向标准，纵向标准反过来要求横向标准。做到横向标准与纵向标准的均衡发展，物联网商业银行才能越走越远。

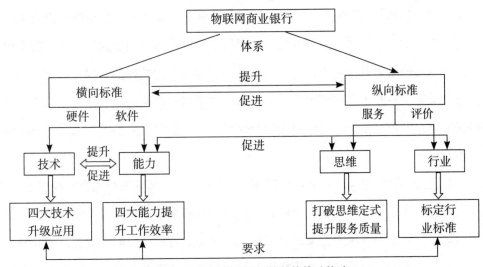

图4-3 物联网商业银行的整体战略构建

4.需解决的问题及"区块链＋物联网＋商业银行"构建设想

本节仅是对物联网商业银行的初步探索，就目前的态势来说，仍存在许多问题：

（1）"搭便车"问题。所谓的"搭便车"问题，是对物联网商业银行抵押物的感知识别装置的归属问题而言的。利用感知识别技术虽然可以较为详细地了解抵押物的状态，但鉴于装备其装置的成本比较高昂，在企业与上一家银行的合同履行完毕后，这些装置是否应该拆掉是一个问题：若拆掉，又是一笔高昂的花费；若不拆，在这家企业合同到期再将同一抵押物抵押给另一家银行时，又产生了相关装置归属权问题。若所有的银行对抵押物都进行装备装置，则会造成资源的极大浪费；若企业或银行都只是对其中一部分物品进行了装配，则在物品归属权转移时，后来接手的人等于搭上了便车，这就不利于其他银行的发展。所以，在未来商业银行进行物联网构建时，"搭便车"是一个急需解决的行业标准问题。

（2）去中心化问题。物联网技术打造的去中心化金融服务平台将更多的人、物、网互联互通，谁有融资需求、谁有投资需求一目了然，不再需要交易中介，有效地促进了资源的整合、交易的达成。在降低交易费用的同时，更促进了标准化、透明化服务体系的建立。但从实际效用来看，商业银行更像是一个中介中心，引导资金流向企业，从而收取一定的手续费，即存贷利息差。在物联网时代，个人、企业完全有可能以其自身的信用、资产状况作为保证，在金融市场上直接发行债券，这既降低了借款人的利息，又提高了贷款人的收入。但如此一来，大部分的商业银行将被排挤出市场，因此在构建物联网商业银行时，如何解决商业银行去中心化问题将是重中之重。

（3）伦理问题。在银行连上物联网后，整个系统将会与外界相连。银行本是一个私密性极强的行业，在信息公开之后，银行本身以及储户的个人信息安全将难以保证，这将有可能带来其他隐患，而且银行系统更容易受到外界的干扰、侵害，使危险性上升，等等。在布置物联网装置时会产生核磁辐射，这也将对人体产生危害。未来如何保证储户的信息安全、身体健康以及保证银行系统安全完整等，都有待物联网的进一步发展。

（4）监管问题。根据《巴塞尔协议Ⅲ》，第一支柱对商业银行的资本提出了要求，但以风险覆盖来说，上面仍留有空白点，即剩余风险和小概率"黑天鹅"事件，如在信用风险中贷款集中度风险并未涵盖。第二支柱是监管部门的监督检查，物联网金融为商业银行广大的客户量身打造的金融服务，虽满足了不同人群的金融需求，但对监管来说，却是极大的麻烦。第三支柱是市场约束。在物联网时代，各种市场网络平台将成为经济、社会的中枢，但网络上的造假行为屡见不鲜，在物联网时代，如何保证其信息的真实可靠将是个巨大的难题。

要解决以上问题，可以引入区块链技术。以去中心化问题为例，区块链技术的关键特征是以分布式账本为基础的去中心化和去信任化，其数据的验证、记账、存储、维护和传输等过程均基于分布式系统结构，采用数学方法而非中心机构来建立分布式节点间的信任关系，从而形成了去中心化的可信任分布式系统。以数字信任替代机构信任的信任机器，为不熟悉或者互不信任的人进行真实交易提供了全新的数字解决方案。所以，可以同时进行区块链技术架构，所有参与主体上链，解决去中心化问题，这将是后续研究的重点。

第五章　金融科技发展的机制保障

金融科技的深度融合已不再是简单的"金融＋科技"，而是和人类的每一个个体或机构生产、生活的方方面面息息相关。美国、加拿大等国家已相继出台政策鼓励引导金融科技的发展，英格兰银行将金融科技作为 2018 年七大战略之一，德国从国家层面对金融科技进行整体规划。随着全球金融市场开放程度的提高，网络基础设施联通不断增强，金融科技日益呈现出跨国界的特征。但是，不同国家的监管理念和制度环境不同，金融风险判断和管控能力存在差异，容易引发金融科技跨境监管套利，并由此引起全球性金融风险传染和风险叠加的双重效应。虽然金融与科技有着天生自然结合的因素，但是金融科技是逐利本性的金融业与易产生市场失灵的科技业的融合体，需要政府根据国家战略对其进行引导与支持，同时还需要坚实的监控措施来保障其健康发展。

第一节　金融科技发展的政府引导与支持机制

政府通过发挥自身职能效用构建机制，支持和引导金融科技发展，在健全金融支持体系、保障金融长期稳定及促进创新方面，取得了一定的成效。但是在金融科技发展中，政府机制仍然存在不完善的部分。

一、现有政府引导与支持政策的特点

（一）阶段性特征表现

根据前述章节的梳理，我们发现在推动金融科技发展的过程中，国务院、地方政府、相关职能部门分别从金融科技战略规划、金融科技投入、金融科技担保、金融科技市场等不同层面出台了一系列相关政策，指引着我国金融科技深入发展。这些政策在不

断推进科技创新、金融体制改革的同时，也在金融科技结合发展方面具有一定的保障作用，并呈现出明显的阶段性特征。

1. 支持政策类型倾向的阶段性

各级政府所出台实行的支持政策在不同的时段呈现出不同的阶段性特征。

2006—2010 年，以金融科技战略类型为主，大多倾向于提出某时段的金融科技发展总规划。在 2006 年，国家出台了《国家中长期科学和技术发展规划纲要（2006—2020 年）》，其中就提及构建金融科技多元化平台；尤其是 2010 年出台的《关于印发促进科技和金融结合试点实施方案的通知》，提出要不断落实有关"促进科技和金融结合试点"的计划。

2011—2015 年是地方性政策出台的高潮期，不同省份根据对中央总体政策解读而推行的地方性政策数量占据多数。深圳政府在 2012 年出台了《关于深化科技体制改革提升科技创新能力若干措施的通知》，其中明确指出深圳市支持各类金融机构的创新，并将着力于建设完善的科技融资渠道，推动金融科技试点建设；江苏省政府在 2015 年印发的《江苏省政府关于加快互联网平台经济发展的指导意见》中也同样强调了促进基于高科技平台的经济金融的发展，并加大了其相关政策的支持力度。

2016—2019 年，以金融科技发展带动中小企业的快速发展，以金融科技的有效结合带动"三步走"战略落实为政策指明了新方向。如 2016 年由国务院出台的《关于进一步支持企业技术创新的通知》中指出，各级政府应在加强企业技术创新的同时要不断加大财政投入力度；2019 年国务院出台的《关于促进中小企业健康发展的指导意见》中也指出，应不断革新财政政策，并积极运用互联网等一系列高科技手段来保障中小企业的科技成果。

2019 年 8 月，中国人民银行出台金融科技阶段性整体规划，提出到 2021 年建立健全我国金融科技发展的"四梁八柱"，进一步增强金融业科技应用能力，实现金融与科技深度融合、协调发展，明显增强人民群众对数字化、网络化、智能化金融产品和服务的满意度，使我国金融科技发展居于国际领先水平。

2. 支持政策颁布机构及内容的阶段性

首先，从支持政策的颁布以及参与机构的变化中我们可以发现，在近 15 年的金融科技支持政策演变进程中，参与的机构从单一的中央机构逐渐演变为多元化、多层次机构共同参与。

其次，从支持政策的内容涉及度的变化中我们可以看出，2006 年至今，我国的金融科技政策广度不断拓展，即从简单地提出阶段性金融科技规划，到实施针对性更强的不同地域的政策，再到出台以金融科技融合来推动中小企业、农业等的发展进程的综合性政策。

（二）中央与地方政策互补性特征表现

通过前面章节对支持金融科技发展的政策和相应的指导意见进行梳理和分析可以看出，中央和地方政府在政策法规的总体方向上是一致的，但所发布政策的施行范围不同，政策内容侧重不同的方向，形成各自的特点。中国人民银行和国务院其他部门颁布的政策和指导意见，是在全国范围内实施的，既要作为地方政策的风向标，同时也要照顾到全国金融科技发展的整体质量，对整体产业进行指导。比如对制造业和中小企业的发展，2017 年 3 月由中国人民银行、证监会等多个部门共同发布的《关于金融支持制造强国建设的指导意见》中就指出要充分将科技与金融相融合，促进产业链金融的发展，完善制造业的融资服务，为制造业的建设注入动力。此外，中央政府的指导意见和政策会兼顾金融科技的普及范围和技术创新，推广基础设施建设和完善相应的保障措施，鼓励推动金融科技的成果转化和创新。

地方政府机构发布的相应政策则是因地制宜，根据地方的特点来合理推动金融科技的发展。比如以中央政策为基础，建设地方的金融科技基础设施，但在基础设施建设上，会根据地方特点来确定不同的发展方向。比如北京市鼓励金融科技类企业与传统金融企业相互合作，建立金融科技的产业中心。而杭州市则是以数字经济体系为发展方向，计划打造国际金融科技中心。地方政府都会为人才引进制定优惠政策，在复合型人才资源的加持下，发展金融科技，从而为实体经济服务。

中央和各地政府的政策各有侧重和特点。中央颁布的政策和指导意见结合全国发展情况，根据制造业、金融业等多种产业的发展情况来构建引导机制，侧重对中小微型企业进行金融科技相应措施的指导，也侧重于金融科技相应基础设施和保障措施的完善。而地方政府印发的地区性政策、指导意见和发展规划，都是以建设金融科技领先城市为出发点，鼓励和支持金融科技产业的发展，制定相应的优惠政策，加大引进人才的力度，为金融科技类企业划分聚集区，并加快聚集区相关基础设施的建设，以促进聚集区企业的发展；侧重于用金融科技相互合作的企业、机构和项目来打造金融科技的高度发展区域，以期用该区域带动整个城市金融科技的发展，从而为城市的实体经济发展服务。

二、现有政府引导与支持政策的实施效果

1. 政策的积极效果显著

在相关政策的鼓励和支持下，我国的金融科技发展在多个领域都已获得不菲的成绩，如腾讯、冰鉴科技、国泰君安证券、蚂蚁金服、中国平安、基金公司和各类银行等都有着自身丰富的金融科技创新经验，也都有着脍炙人口的金融科技结合的成功案例。尤其是银行业，在金融科技发展的进程中独树一帜。

通过对平安银行资料的分析，可以看出近十年来平安银行的营业规模在不断扩大。值得一提的是，在两个"三年计划"结束之后的 2018 年，平安银行当年年报汇总显示，当年四个季度的营业收入分别为 280 亿元、292 亿元、294 亿元和 301 亿元，呈现稳步上升的态势，年末资产总额达到 34186 亿元，比上年年末增长了 5.23%。如今的平安银行，"3+2"金融科技平台格局已逐渐成熟，"科技引领金融创新"的战略转型也已经取得了一定的成效，同时也已经确立了三年内实现平安集团科技实力在行业领先的新目标，力争在现有金融科技的杰出成果上推动新一轮的金融科技的结合与创新。这些数据清晰地彰显出平安银行重视金融科技结合发展带来的回报，这一盛况与平安银行积极响应相关的金融科技政策密不可分。当中国人民银行、科技部等机构出台有关"银行应全力进行金融科技服务模式创新"内容的《关于大力推进体制机制创新扎实做好金融科技服务的意见》等政策时，平安银行便对这一政策内容进行了积极响应，率先推出了智能化支行。这一举措使到支行的大部分顾客可以在自助办理区进行业务处理，极大地提高了办事效率。平安银行也在政策号召下首次提出了"科技转型规划"并不断运用人工智能、大数据等科学技术手段来丰富自身的金融产品、完善自身服务体系、优化资源利用效率，以此来推动金融科技更好更快地结合。

从这一成功的金融科技实践中，一方面可以看出平安银行目光长远，善于抓住发展契机，积极响应新趋势、新政策；另一方面也可以体现出支持金融科技结合化的政策对企业发展有着巨大的积极推动力。

2. 政策支持力度仍有不足

如今我国的金融科技发展态势迅猛，因此很多人会认为我国的金融科技水平与国

外相比已经拔得头筹。但从一定角度来看却并非如此。首先，美国、日本等发达国家的金融科技创新模式在政策扶持方面，不仅有良好的法律环境，还有完善的财政补贴与优惠政策；在市场结构方面，都有发达的担保、投资等多层次市场体系。其次，韩国、新加坡等国的金融科技创新，整体发展以政府政策支持为主导，以健全的政策体系来推动金融科技企业成果的转化。

三、政府引导与支持机制构建的框架设计

（一）政府引导与支持政策改进的总方向

金融科技支持政策在未来的改进中应首先树立金融科技的主旨目标，重点着手于逐步构建清晰的政策脉络。

政府相关部门应与监管机构等共同出台一个有关金融科技结合宗旨的基础性政策文件，如"金融科技战略规划"，并在总规划中为相关的金融科技政策设立一个清晰合适的目标，如"金融科技要致力于打造高新技术创新与经济发展之间的通道"的政策性大目标，以此来解决协同性低的政策性问题。

同时，今后的金融科技政策改进还应以总规划为基础逐渐建立一个协调完善的政策体系。完善的金融科技政策体系应该以金融科技核心目标等综合性文件为起点，不断地进行拓展和演变，其具体内容应该包括金融科技担保政策、金融科技监管政策、金融科技资金投入政策、信息披露政策等。清晰的金融科技政策脉络可以不断引导我国的金融科技向着透明、高效的方向发展，同样，可以让相关的支持政策更好地服务于金融科技结合的整体进程。

（二）政府引导与支持机制的构建

要综合协调各体制机制，消除科技和金融之间融合的障碍。要从国家层面强调发展金融科技的重要性，以此调动政府相应部门的创造性和积极性，促进政府各部门通力合作，能够更高效地施行政府对金融科技发展的引导和支持机制。首先，要强化机制的前瞻性、主动性、针对性，逐步完善金融科技政策的服务体系，健全财政支持体系，完善财政专项投资的资金管理体系，创新财政资金使用体系和财政投资评审体系，充分发挥财政资金杠杆和引导作用，推动金融科技企业的发展；其次，要健全金融支

持体系，加强引导金融科技企业的集聚，参考国际上对综合金融改革的成功经验，根据各地区的产业基础选取适合的科技与金融互动模式，以此促进科技的创新和金融产业的集聚。具体来说，需构建以下子机制：

1. 完善金融科技创新机制

无论是金融科技企业还是传统金融机构的金融科技模式，都离不开创新这个"生存养分"，其给企业的金融科技发展带来了源源不断的活力。与金融科技制度创新相关的政策应从两方面入手：首先，应不断推进金融机构的制度创新。例如，在科技担保方面，金融机构应不断对两者之间的合作模式进行创新，以信用担保、资金担保等担保形式建立高效的金融科技担保体系，同时还应不断创新金融工具、开发多类型金融衍生品，以确保自身和科技企业之间相关担保业务能够更好地开展。其次，应不断坚持科技企业的成果创新，例如，推进科研成果转化、科技产品的产业化。在增强科技企业自身实力的同时吸引金融投资者注资，加强其与金融机构间的联系，推动金融科技结合发展。

2. 完善金融科技发展的环境优化机制

金融科技发展的生态环境影响着其运行效率和发展水平，是金融科技正常、高速发展的基本保障。金融科技的发展离不开政府的支持和引导，中国在这方面也不断出台政策和指导意见，有大方向的战略部署，也有根据金融科技发展需求制定的指导政策，比如财政科技投入类，科技信贷、风险投资类，以及科技资本市场类等，用于优化金融科技发展的政策环境。但总体而言，我国对优化金融科技发展环境的相关政策法规还有待进一步加强，政策效果也需要进一步提升，机制的系统性、高效性、完备性还有待完善。

3. 完善金融科技中心和金融科技园区平台建设机制

我国出台的有关金融科技结合的政策缺乏对金融科技平台建设内容的涵盖，使得我国的金融科技中介服务平台缺失，中介平台多元化建设与中介服务体系还不完善，令我国的科技企业和金融机构之间难以有效迅速地实现对接。

举两个例子来加以说明。第一，当信息共享平台缺失时，会使我国的科技企业和金融机构的合作由于信息的不对称而无法深入精准沟通，进而使两者的合作发展进程陷入窘境；第二，信用评估平台的建设也具有深刻的意义，良好的信用体系可以有效地降低在金融科技结合过程中双方参与者的风险承受度，依靠信用平台专业的信用评级和贷款担保"门槛"的设置来建立一个公平、公正、诚信的金融科技发展环境，更好地为金融科技结合发展保驾护航。因此，我国未来的金融科技支持政策的新方向应是不断地推进平台建设，促进多层次的金融科技服务体系的完善。

4.完善法律制度管理机制

金融科技的健康、稳定发展，需要行业、社会和政府共同努力去维护。而政府制定相关法律法规的管理制度，可以有效地约束金融科技在可控范围内进行技术创新和突破。所以要完善法律制定管理机制，强化相应的法律法规，规范金融科技建设，构建高效、完整的保障体系。另外，完善法律体系要随着金融科技的多元化产业发展逐步落实，制定金融科技各种产业的行业标准，要细化、精确到产业的各个领域。从主体的基本原则到各方向上的产业要求和制度都要一一落实，层层落地。

5.建立投资引导机制

对企业的投融资，依靠金融科技的信息技术虽然拓宽了融资渠道，提高了融资效率，但还是无法满足众多中小微型企业的融资需求。因此要通过政府的引导和支持，以财政预算为基础对各种商业金融资本提供相应的优惠政策，比如对风险投资机构、商业银行、保险公司等金融机构进行业务亏损的政策补偿、风险补偿、财政补贴等。通过一系列举措向资本市场和金融机构发出信号，提升它们对中小微型企业投资的信心，降低风险，吸引更多的资本参与。通过与金融科技的前沿技术相结合，最大限度满足企业的融资需求。

6.建立组织管理和协调机制

金融科技的多元化发展的基本特征和优势是跨区域、跨行业，与各个行业相融合，使行业的发展更加智能化和数字化，但这也是金融科技产业难以管理的原因。因此需要政府主导构建金融科技的统一管理和协调机制，节约社会资源，提升管理效率。这就要明确各级政府对金融科技相关产业的管理职能，各部门要分工明确，全面覆盖，同时也要加大对金融科技企业集中整合的力度，集中资源来提升管理效率，发挥政府和市场的共同作用，鼓励金融科技发展的不断创新。

7.完善复合型人才培养长效机制

在金融科技产业融合发展的机制设计中，关键是要培养金融科技复合型人才。金融领域的不断对外开放、各种跨国业务的开展，越来越需要国际型高科技专业人才。其中，兼备金融专业知识、掌握金融科技和风险管理等知识和技能的复合型人才更是急需。金融科技复合型人才的培养是一个系统工程。首先，需要在新文化大背景下，通过高等院校和科研院所掌握基本理论知识、提升基本理论素养；其次，需要地方金融机构或监管当局结合金融科技发展实际建立人才培训及选拔机制，以期培养理论与实践结合的人才。例如，在深圳市金融监管局、香港及澳门金管局的共同推动下，"深港澳金融科技师"专才计划于2019年正式启动并举办考试，为深港澳国际科技创新发展注入了强大的人才支持与动力。金融科技重构下的金融基础设施建设需要以专业的高科技人才为依托，人才已经成为影响中国金融科技和金融基础设施发展的重要因素。在各项金融业务中，应建立人才分析数据库，利用大数据、人工智能等分析人才队伍并对其进行客观的评价和任务分配。完善评价机制以对人才进行管理，利用互联网的优势挖掘并培育专业化人才，增强科技人员的创新和专业化水平。在开放的环境中，更应以各种方式激励人才，提升其获得感，充分体现其个人价值，增进归属感。个人也应该适应时代大方向，充实自身的知识，并提高技能，以应对多元化人才市场的竞争。无论如何，加强人才队伍建设都是中国金融基础设施发展的重要支撑。

第二节　金融科技的监管机制

1993年，IBM实验室大变动，从中分出的一部分科学家到华尔街成立的对冲基金文艺复兴科技公司工作，在1987—2007年的20年间的平均投资回报率为每年37%。在2008年金融危机全球股市暴跌时，它的回报率高达80%。由此可见，金融与科技相结合可以抵御金融风暴的袭击，降低金融风险，甚至可以利用风险对冲来获得高额盈利。但与此同时，金融科技因其显著的运行特征及发展自身也嵌入了风险，在发展金融科技的过程中要采取严格的防范与化解措施。李克强总理在2020年《政府工作报告》中指出继续做好"六稳"工作，"稳金融"是保证经济健康发展的重要一环。金融科技具有跨界、脱媒、智能化等特点，对现有的金融监管体系提出了极大的挑战，迫切需要建立金融科技监管的长效机制。

一、金融科技风险的新特征

金融科技是金融和科技的深度融合，它能够显著提升金融效率，更好地实现普惠金融和促进经济增长。同时，作为一种破坏式创新，除了操作风险、市场风险等传统金融业面临的常规风险以外，金融科技还面临着一些新型风险，有着更鲜明的风险特征。

1. 扩散性与连锁性更强

传统金融体系下，信用在以商业银行为主体的中介机构中传递，风险也在可控的范围内形成，扩散性和连锁性不强。但在以大数据、人工智能等科技手段为底层基础的金融业，各参与主体之间的界限逐渐模糊。如金融创新模式"区块链＋供应链金融"，当链上的某个环节产生了风险，就有可能引发整个系统的连锁风险。大数据将经济社会的各个领域相连，金融领域的风险会扩散到其他领域。数据将是金融科技发展的制高点，而数据的传输在新兴科技手段的助推下会摆脱时间、空间的限制，快速在包括金融领域的整个经济社会传播，易形成系统性风险。金融科技的深度融合在带来金融业态、金融模式的颠覆性变革的同时，也会使风险在不同市场上迅速扩散，金融风险会在范围、幅度、深度上加剧传播，影响整个金融系统的稳定。金融市场参与者有相同的行为，强化了市场共振和"羊群效应"，放大了市场波动性，增加了系统风险。操作风险大大增加，小的技术问题可能导致极其严重的损失。

2. 隐蔽得更深

金融科技具有创新度高、技术性强、传播速度快等特点，但在追求技术突破的同时，缺乏对金融科技产品的审查和实验，过于追求技术，而忽略了金融的本质，这类金融产品在应用时蕴含了巨大的风险，而且还不能简单快速地被我们所辨识。这种风险的潜伏期长且不固定，还有可能因为各种因素越来越严重，但是并不能被我们所发现，在完全爆发时想要快速化解是不现实的。

3. 监管难度更大

传统金融的监管主要是以实体金融机构为落脚点，其监管过程比较单一。而金融科技领域则主要依托大数据、人工智能等新兴技术，传播速度快、传播广泛、隐秘性强等特点显而易见。传统金融监管体系对金融科技领域的监管效果受到影响，由此形成金融科技监管的真空地带，其监管难度远远大于传统金融的监管难度。监管难度主要从两方面来考虑：一是对金融科技监管的能力有所考验。由于近几年金融科技发展迅速，对金融科技专业人才的需求增加，而需求则远大于供给，监管人员势必会有一段时间的紧缺，这就需要发掘和培养金融科技监管人才。二是在传统金融的监管体系下，监管流程和内容已经趋于完善和成熟，但原有的监管技术和监管体系无法满足金融科技的监管需求，这就需要顺应金融科技的特点进行改变。

二、金融科技风险产生的原因

金融科技的发展目前还处于起步阶段，但是其传播的快速性、广泛性及隐蔽性等特点产生了许多金融科技新型风险，如利用金融科技恶意骗取贷款、洗钱、信用卡套取现金等，会影响金融的稳定与安全。技术进步导致了金融产品和金融市场的复杂性，也增加了金融风险。金融创新加剧了风险的扩散，也加快了传导速度。风险产生的原因在于不对称性及金融科技自身的脆弱性。

（一）不对称性

1. 金融数据规模与质量的不对称

在大数据时代，不同主体对金融数据掌握的程度不同。根据腾讯的微信以及 QQ 活跃账户的统计来看，截至 2019 年，其活跃数量分别为 10.88 亿个和 9.85 亿个，每天产生的数据规模超过 200BT，而阿里巴巴旗下的云平台的数据规模则是腾讯的几倍。类似阿里和腾讯这类超大型公司的数据规模远比大型金融公司的数据规模要大，所以阿里巴巴和腾讯旗下的大数据可以支撑旗下的金融科技板块业务，而传统金融企业掌握的数据则远远少于这两家企业。阿里和腾讯无疑能提供更加精准和多元化的金融科技产品给更多层次的用户。

金融数据规模与质量的不对称会在各个环节产生风险。例如，数据搜集能力较差的传统金融企业以及小规模金融科技企业对客户数据搜集的不对称，会导致其产品受众群体较小、产品种类缺乏等一系列风险问题。

2. 金融科技行业与参与者的信息不对称

市场参与者在进行交易时需要获得多方位更详细的信息，然而在金融科技时代，传统的信息披露要求很难消除信息不对称。一是因为市场主体常常会选择披露对自己有利的信息，隐藏对自己不利的信息，而将风险转移给交易对手，从而产生道德风险；二是那些高收益背后隐藏的高风险往往会被资质比较低的市场参与者忽视，进行超过其风险承担范围的金融交易，容易产生逆向选择风险；三是金融科技的网络化及数字化特征可能会强化金融风险的负外部性，一旦风险状况出现时，市场参与的各方不能准确评估交易对手的风险状况，就容易在最坏的假设情况下进行风险处理，从而导致一系列不利的连锁反应。

（二）脆弱性

金融科技在发展初期具有一定的脆弱性，即过度关注科技本身的发展，而忽略了非科技因素。

1. 金融科技发展与法律法规不匹配

目前我国的法律法规难以跟上金融科技快速发展的节奏，当有新的金融科技型创新产品出现时，原有的传统金融模式下的法律法规就难以约束金融科技的一些不良行为。

2. 金融科技平台自身管理的问题

虽然通过金融科技平台能够在虚拟网络中进行交易、支付和投资等金融活动，提高了资源配置效率，但是由于平台自我约束机制不完善，平台监管机制不健全，金融科技平台内部可能就会出现信用信息的恶意泄露等问题，放大了金融风险。

3. 金融科技风险专业人才紧缺

传统金融模式下的传统金融人才已经趋于饱和，金融科技复合型人才紧缺，尤其缺少金融科技的日常维护、内部控制以及合规分析方面的人才，此外，软件研发工程师、云平台构架师、Java架构师、高级产品经理等岗位人才仍是传统金融机构在进行金融科技布局时所急需的，这些人才的缺乏会降低金融科技持续发展的韧劲。

三、监管机制的构建设计

金融科技监管机制的构建需要有一定的时间和过程，要遵循分步走、部门之间相互协调、多种技术相互融合的原则。从部门来看，需要使国家层面、金融机构层面和行业层面互相协调。从技术层面来看，需要将大数据、人工智能、移动互联网、云计算、区块链等相互融合，而非相互独立。

（一）构建的原则与重点

1. 国家层面

从国家层面来看，需要做到宏观层面的监管机制构建。例如，制定与金融科技安全相关的政策，创造一个安全的金融科技环境，加强对金融科技基础设施的建设，从而减少或杜绝金融科技风险的发生。党的十九大提出，要重点抓好决胜全面建成小康社会的防范化解重大风险、精准脱贫、污染防治三大攻坚战，其中就将防范化解重大风险放在首位。对此，在2017年中央经济工作会议中就已经明确指出要做到"服务金融，防范风险"。2020年《政府工作报告》中指出要继续"稳金融"。从国家金融体系数据安全和金融主权安全着眼，我们必须掌握主动，从技术上提出规范标准和架构设计，更好地维护国家金融安全。事实上，近年来已有一批金融科技领域的基础设施落户，如专门从事法定数字货币技术应用研究的央行数字货币研究所。在国际开放的环境背景下，监管当局需要进一步大力推动诸如支付清算、业务运行指导窗口、金融科技运行平台、项目融资平台、征信与信用基础设施等基地平台的建设，以适应金融科技多样化的需求，助力金融基础设施的国际化布局。

2. 金融机构及行业层面

从金融机构层面要着重建立合规的内部控制政策来防范金融科技风险，并且与政府金融监管者互相协调，共同建立金融科技监管的有效机制。金融科技行业发展与金融制度不相适应也是产生金融风险的重要缘由之一，因此必须解决阻碍金融科技健康发展的体制机制问题，为实现金融的高质量发展扫清制度障碍。从监管体制方面来说，在现有以宏观审慎管理为主导，进一步明确和细化各金融科技监管部门的职责和定位，积极推进组织方式、管理模式、治理结构的调整优化，突破监管部门间的壁垒和利益固化的藩篱，重新梳理权责义务，提高跨部门、跨区域的协同监管能力。行业内部也需要建立监管委员会，对最基层的金融机构进行自主风险化解和防范。

（二）机制构建的框架设计

1. 完善金融科技信用体系及举报机制

为防范金融科技信用风险，首要的任务是完善中国金融科技信用体系，加强金融科技类企业信用保障，确保信用信息公开透明，提高投资者融资信心，这是基本的制度保障。由于金融科技风险具有传播速度快、隐蔽性强等特点，应加速区块链和物联网的融合，利用区块链的可信特征与物联网的可追溯性建立信用机制，提升可信水平，防范金融科技信用风险的发生。还要从国家、行业及客户三方面及时发现和解决企业应用金融科技的风险。例如，加快建设数字技术监管举报平台，提升监管举报的专业性、及时性和统一性。运用金融科技的特点，从技术层面建立金融科技信用体系和举报体系，从而加快信用风险的发现速度和处理速度。

2. 建立防范安全风险的技术创新及基础设施建设机制

为了防止网络金融数据安全风险，可以运用技术手段降低数据丢失或被盗取、篡改的概率，降低金融科技机构发布虚假信息的概率。

大数据的作用主要是搜集数据，它是防范金融科技风险的基石，可以提升金融风险管理的覆盖度。大数据与金融领域联系紧密，在众多的金融机构中得到了广泛的应用，形成"5V"特征，数据量级巨大。大数据能以常见的形式把个人、企业的各种金融活动储存起来并进行分类，大范围地监控交易行为的发生。传统的金融风险管理所能够依据的数据有限，不能有效地防控风险。而大数据可以提供全方位、多领域的信息和相关交易数据，运用支持向量机（SVM）、回归分析等方法进行分析，覆盖面广、时效性强。

人工智能则主要对搜集的数据进行分类、计算和处理，它可以提升金融风险管理的准确性。人工智能与机器学习和深度学习结合，可以准确有效地防范风险。人工智能以智能化的方式监控金融交易的同时，亦能预测风险的发生及其后果，给客户提供不同的可以选择的策略。由此，在金融产品交易的过程中，价格能够合理地反映价值，有效降低风险和减少过度投机现象的发生，促进金融稳定。人工智能替代人类不断重复的简单劳动，能为交易主体提供个性化的金融服务。

将区块链、大数据、人工智能、云计算广泛并深入地应用于金融基础设施，可推动支付清算业态的升级，优化证券交易所的业务结构和贸易金融基础设施，完善对金融基础设施的监管和服务体系，改革金融基础设施的供给结构，共同推动金融领域的进步与发展。

3. 建立金融知识普及机制

加强对普通投资者的金融基础知识教育，尤其要加强低收入投资者等普惠金融服务对象的金融基础知识教育。金融交易的门槛在下降，这对客户是利好的，但非专业金融人士在总投资者中的比例很高，并非所有人都能承担投资交易所带来的风险，此时对金融知识的普及就显得尤为重要。为了防范金融科技操作风险，政府及有关金融科技机构应当建立普及金融知识的有效机制，政府和各类机构可以向公众推广融资知识或通过金融科技网络平台对群众进行教育，以增强投资者的保护意识和水平。

4.建立金融科技人才培养长效机制

当前，虽然传统金融下的人才队伍建设已经取得长足进步，但是随着金融科技的发展，传统金融人才已经趋向于饱和，在新兴金融科技企业及传统金融企业拓展金融科技市场的大环境下，对人才的培养就显得尤为重要。所以，要建设培养金融科技人才的有效机制，可以以高校和科研院所为依托，在开办传统金融课程的同时，对金融以及信息技术专业的课程进行交叉，提高金融科技的研究水平，着重培养金融科技复合型人才。金融企业也要做好对传统金融人才的金融科技培训，把传统金融人才培养提升为行业所需要的金融科技类人才。

第六章 金融智能：人工智能催生智慧金融

人工智能在金融领域的各个细分行业中扮演着越来越重要的角色，"金融智能 +"理念不断升温。金融智能是人工智能与金融行业深度融合的产物，可以重塑金融价值和金融生态。

第一节 人工智能对金融业的必要性

IT 技术和金融行业一直是紧密相连的，我们最直观的感受就是，20 年前，存取、转账、汇款等业务都要在银行营业厅办理；10 年前，网上银行开始普及，一些简单的业务可以直接在网上银行办结；几年前，手机银行的出现几乎彻底冲破了银行业务办理时的空间限制，大部分业务可以直接通过手机银行办理，人们不再需要去银行网点。

大半个世纪以来，传统金融业的作业方式已经被颠覆，计算机替代人类完成了大量简单、重复的劳动，互联网缩短了冗长流程的耗时，金融业提供的服务更科学、更到位，同时成本大幅降低。

一、金融科技和金融智能的概念

按照国际权威机构金融稳定理事会（FSB）的定义，金融科技（Financial Technology，简称 Fin Tech）是指技术带来的金融创新，它能创造新的模式、业务、流程与产品，从而对金融市场、金融机构或金融服务的提供方式造成重大影响。这些技术包括移动互联网技术、云计算、大数据、机器学习等。

金融智能是金融科技的一部分，是人工智能技术与金融行业相结合的产物。金融智能主要以人工智能核心技术（包括机器学习、计算机视觉、自然语言处理、语音识别、联邦学习、图计算、图神经网络等）为驱动力，赋能金融行业的各种服务、各个环节、各类场景，包括流程改进、服务定制化、产品创新等，是目前科技赋能金融过程中最热门的领域。

二、传统金融行业的痛点和局限

（一）风险控制要求高，存在漏洞

风险控制一直是金融业的核心，金融公司对风险控制要求非常高。然而，目前风险控制管理的过程存在着效率低、信息不对称、更新速度慢、人力成本高、缺乏统一评估标准等问题，从而引发不良贷款、影子银行、骗保、假标的等一系列金融风险问题。我国商业银行近几年的不良贷款率一直呈上升趋势。截至 2020 年第二季度末，商业银行不良贷款率达到 1.94%，与上季度末相比增加了 0.03 个百分点；不良贷款余额达到 2.74 万亿元人民币，与上季度末相比增加了 1243 亿元。由此可以看出，传统的风险控制手段已经不能解决当前的问题，金融机构急需新技术来有效控制风险。

（二）客户量、服务量庞大，个性化服务成本高

众所周知，金融行业是当今社会最重要的行业之一，它与每个人的生活都息息相关。就银行业来说，中国人民银行发布的报告《2019 年支付体系运行总体情况》显示，全国人均持银行卡数量已经达到 6.03 张，可见目前金融业的客户量及服务需求量巨大。然而金融服务不同于一般的商品，它需要根据客户自身的情况，为客户匹配现有的金融产品或者定制个性化的金融服务，目前这个过程主要由人工完成，成本很高。

（三）金融产品种类多，数据管理复杂

由于客户量大，而每个客户的需求又不尽相同，目前金融市场还存在着各种不同的金融产品，且每天都进行着大量的交易，由此积累了庞大的客户数据、金融产品数据及交易数据，但是数据库管理起来十分复杂，且目前这些数据并没有得到有效利用。

（四）客户群众的金融知识匮乏

虽然金融行业与大众的生活息息相关，但是目前来看，我国消费者的金融知识水平还处于比较低的水平。中国人民银行发布的《2019 年消费者金融素养调查简要报告》显示，仅 39.13% 的消费者认为自己的金融知识水平"非常好"或"比较好"，消费者回答金融知识问题的平均正确率也只有 62.1%。对目前大量金融知识匮乏的消费者，他们有的从不购买金融产品或者服务，有的在购买产品或服务时需要金融机构提供很

多指导。而目前这些指导服务主要由人工完成，需要极高的成本且效率低，因而不能普惠大众。

三、金融智能的特点与优势

（一）自我学习，有效利用数据

人工智能技术的开展基本基于大数据对算法模型的不断训练与优化，而金融行业正是由于其庞大的客户量、产品服务量及交易量，才积累了大量的数据。金融智能可以利用"云"记录这些海量数据，并在云端将其输入人工智能算法，通过分析得到大量有意义的结论，从而达到有效利用大数据的目的。同时，由于金融行业每日都会发生大量新的交易，这些数据被实时输入人工智能的算法模型，算法模型可以不断修正和改进，自我学习。

（二）精准分析，挖掘潜在规律及风险

对这些大量积累的数据，金融智能可以跟踪这些事务性数据源和其他数据源，以更好地理解客户的行为和偏好，精准定位客户的需求，进而进行更加精准的营销。与此同时，基于对数据的实时监控，人工智能模型会对异常数据进行检测，可以帮助银行等金融机构更加精准地发现和控制欺诈、洗钱等不良行为带来的风险。

（三）快速响应，高效处理

目前，金融智能已经可以自动执行较复杂的流程操作，基于图像识别、逻辑判断和情感识别等技术，它可以将很多传统金融服务中的流程进行简化及标准化，并使用计算机代替人工进行操作，从而使事务处理效率极大提升。

（四）个性化定制，服务升级

金融智能可以根据个人的偏好信息、金融财产现状信息等数据，利用人工智能技术对数据进行快速精准的分析，从而为客户提供定制化的服务，如金融产品的个性化推荐。人工智能既具备人类的逻辑思考能力，又具备机器的快速分析能力。面对目前客户金融知识匮乏的现象，金融智能可以提供智能客服、智能投顾等服务。客户可以随时随地通过这些服务咨询金融相关信息，并通过它们的辅助进行金融决策。

（五）成本低，服务可快速扩张

由于在金融智能中，机器可以代替非常多的人工，成本自然大幅降低，使用门槛也大大降低，因此，金融智能服务不仅可以在一、二线城市进行扩张，还能以普通民众负担得起的价格向三、四线城市下沉，让更多收入水平和金融知识水平不高的民众也可以享受这些金融服务。

第二节　人工智能对金融界的影响

金融被视为让人工智能应用落地最快的领域，众多专家和学者表示人工智能将重塑未来的金融模式。

一、金融智能是当前趋势热点

根据毕马威《金融科技脉搏 2019 年下半年》报告，2019 年，全球金融科技领域的投融资金额达到 1357 亿美元。金融科技板块快速攀升的投融资金额，给板块注入了新鲜血液，有助于催生新的商业模式、应用、过程或产品，从而对金融市场、金融机构或金融服务的提供方式产生重大影响。

二、传统金融到智慧金融的发展历程

IT 技术和 AI 技术推动金融行业转变的过程可以划分为三个阶段，分别是金融 IT 阶段、互联网金融阶段和智慧金融阶段。这三个阶段之间并没有明确的分界线，目前我们正处于从互联网金融逐渐转向智慧金融的阶段。而智慧金融阶段，正是本章讨论的金融智能被大规模应用的阶段。

（一）IT 金融阶段

第一阶段为 IT 金融阶段，主要是由于电子计算机的发展，传统软硬件 1T 技术被应用于金融行业，以实现办公和金融服务的电子化和自动化。20 世纪 50 年代，为了减轻携带现金的负担，信用卡应运而生。20 世纪 60 年代，ATM 取代了出纳员和分行。

20 世纪 70 年代，电子股票交易开始在交易所交易大厅进行。20 世纪 80 年代，银行大型的、复杂的数据记录系统兴起。这个阶段的代表成果包括银行的核心系统、信贷系统、清算系统等。

（二）互联网金融阶段

第二阶段是互联网金融阶段，主要是将移动互联网技术应用于金融行业，实现金融服务的移动化，从而使得金融服务更加便捷、高效。20 世纪 90 年代开始，互联网、智能手机和电子商务商业模式蓬勃发展，"互联网＋金融"的概念孕育出大量的金融科技应用，包括网上银行、针对散户投资者推出的在线股票经纪网站及移动端软件等。其中最具代表性的是互联网基金销售、互联网保险、互联网消费金融等。

（三）智慧金融阶段

第三阶段是智慧金融阶段，人工智能技术和金融行业相结合，云计算、人工智能、大数据、区块链等新兴技术的发展和普及，引发金融服务的智能化升级、效率的极大提升、准入门槛的降低以及客户群体的扩张。主要涉及的领域包括智慧银行、智能投顾、智能投研、智能信贷、智能保险和智能监管等，最具代表性的应用是智能投顾、大数据征信、智能客服等。

三、金融企业的科技转型

金融是目前人工智能技术应用最成熟、最被看好的领域之一。国外的人工智能技术及其在金融领域的应用相对更成熟，众多公司集聚力量建立超级系统，如 IBM 公司的沃森（Watson）、肯硕（Kensho）公司的沃伦（Warren）以及在线财富管理企业（Wealthfront）和个人投资平台（Betterment）智能投顾平台，它们具有提供金融建议的能力，可应用于多个金融场景。国内的传统金融业巨头们正在加紧布局科技和人工智能，加快科技转型的步伐，而一些科技大鳄也涉足金融，金融和科技之间的关系也越来越紧密。接下来，我们通过 3 个典型案例来看看科技对传统金融业的强大助力。

（一）招商银行

随着科技在金融行业的强力渗透，招商银行在 2016 年正式提出要加快金融科技战略，推动企业向"网络化、数字化、智能化"的目标迈进，同时制定了零售金融领域的"手机优先"策略、批发金融领域的"线上化"策略和风险管理预警模型的研发策略。2017 年，招商银行明确"金融科技银行"的发展定位，并在 2018 年提出对标金融科技公司。在 2019 年的战略布局中，招商银行更是深入推进迈向银行 3.0 阶段，经营模式全方位升级。

招商银行正在推动由金融科技驱动的渠道优化和服务升级革命，并在零售业务、批发业务和风险管理三方面取得领先发展。

1. 零售业务

招商银行在零售端的核心金融科技产品是招商银行 App 和掌上生活 App，涵盖生活中主要零售业务。这两款 App 每年都会在最新的金融科技基础上优化升级，力争为用户提供最好的科技服务。2019 年 11 月，招商银行 App 推出 8.0 版本，以开放生态为理念，与合作伙伴一同重构产品与服务。招商银行 App 开放 100 多个接口，支持个性化应用接入，覆盖便民、出行、旅游、快递、购物、外卖、文娱、教育、健康等高频生活场景。金融科技的运用对零售端的贡献主要体现在提升获客能力、精准客户体验、领先发展全面无卡化战略等多个方面。

2. 批发业务

自 2016 年开始，招商银行的批发业务开始与金融科技融合。它首先将批发业务与互联网相结合，依托网银平台开展移动支票支付结算服务，通过"招赢通"线上交易平台推动同业业务落地。2017 年，招商银行将批发业务与金融科技的结合重点放在中后台建设上，利用金融科技提升业务后台流程自动化水平，完善信贷流程处理，在国内金融企业中率先引入 RPA（机器人流程自动化）技术，提升运营管理效率。依托大数据和人工智能技术，自动抓取企业多方面信息，扩展企业的事件记录数据库，整合大数据客户画像。2018 年，招商银行的批发业务与金融科技正式开始全面融合，正式构建招商银行企业 App，在批发业务上对标零售业务，满足移动金融办公的需求。

3. 风险管理

为了降低所有类型的贷款不良率，招商银行利用金融科技增强计算和预警能力，提升授信业务自动化、流程化、专业化和集中化，并开发优化风险评级、预警模型，搭建 IFRS 9（国际财务报告准则第 9 号）下的预期损失模式拨备模型，打造全链条风险管理。2018 年，招商银行在已搭建模型和架构进行应用的基础上，运用金融科技针对零售和批发两个方面优化风险管理模式，提升风险管理能力。

（二）交通银行

2018 年 5 月，交通银行启动了新一代集团信息系统智慧化转型工程，以先进 IT 技术为基础，运用云计算、大数据、人工智能、区块链等技术将银行业务数字化和智能化，提升集团各类金融服务的效率和水平。

1. 大数据

交通银行在 2010 年就开始将大数据应用于其核心业务，历时 8 年，完成了全集团国内外一体化系统重构工程，实现了各个业务、客户、交易等数据的统一管理，是国内银行业数字化的领先者。交通银行充分利用该数据系统，将其应用于客户服务和内部经营管理两个层面。在客户服务层面，交通银行基于客户的投资、消费、浏览搜集等行为信息，利用人工智能技术进行分析解读，精准挖掘用户感兴趣的产品并进行推荐，还推出了产品到期继续购买功能。同时，为了提高服务水平，推出了在线产品咨询、风险评价、理财规划等上百种业务。在内部经营管理层面，主要将大数据技术应用于风险控制、审计监督、信贷管理等。例如，将内外部所有数据进行整理、共享，并对其进行分析，挖掘潜在风险并实时监测。

2. 移动互联

在移动互联方面，交通银行重点推出了手机银行和买单吧 App。以手机银行为例，在手机银行平台上，打造了"银卫安康""银校通"等移动支付产品，用于满足医院、学校中的各种支付需求。另外，交通银行首次在业内推出手机银行线上直播，消费者可以直接通过手机银行与行业内外的专家、优秀客户经理互动。据统计，该直播节目累计获得了近 300 万条弹幕评论。这些产品已经吸引了 6000 余万手机银行 App 用户。

3. 人工智能

交通银行一直尝试运用智能决策、智能感知等人工智能技术，促进银行服务和运营的智能化。交通银行引入指纹认证等技术，打造智能化移动服务工具手持终端，简化用户安全登录流程。目前已经有 6000 余台手持终端投入使用，帮助银行员工为客户上门办理 200 多种之前必须在柜台办理的业务，极大提升了金融服务的用户体验。另外，交通银行推出"沃德理财顾问"，应用人工智能技术，对积累的一亿多客户的大数据进行分析，为客户提供定制化的资产智能诊断、投资规划等理财服务。

在 2018 年 8 月的银行业新闻发布会中，交通银行副行长沈如军强调，要真正将金融科技应用于民众服务，就要运用人工智能技术深入挖掘客户需求与喜好，并运用人工智能技术为客户提供更加人性化、个性化的服务。

（三）平安集团

中国平安保险（集团）股份有限公司（以下简称"中国平安""平安集团""集团"）1988 年诞生于深圳蛇口，是中国第一家股份制保险企业，融保险、银行、投资三大主营业务为一体，是国内金融牌照最齐全、业务范围最广泛、控股关系最紧密的个人金融生活服务集团。

中国平安在 2019《财富》世界 500 强排行榜中排名第 29 位；在 2019 年《福布斯》全球 2000 强排行榜中排名第 7 位；在 2019 年 BrandZ 最具价值全球品牌 100 强中排名第 40 位；在"2019 全球最具价值 100 大保险品牌"（Brand Finance Insurance 100 2019）排行榜中排名第 1 位；在 2019 年中国服务业企业 500 强中排名第 3 位。

2008 年，中国平安下设平安科技全资子公司。平安科技负责开发并运营集团的关键平台和服务，支持集团的保险、银行、投资和互联网业务高效发展。同时，它还是集团的技术孵化器，在云计算、人工智能和大数据方面有着强劲的研究和开发能力。

平安集团将人工智能排在五大核心技术之首，投入大量资金进行金融科技的研发，为技术研发提供充足的资金保障，力图打造平安集团"金融＋科技"新布局。

四、互联网公司布局金融行业

目前，一些大型互联网公司也瞄准了金融科技这块大蛋糕，想要进入金融服务市场。这些公司主要以两种方式布局金融行业：一部分公司自己创立数字金融服务子公司，直接为消费者提供金融服务；而另一部分公司主要以与传统金融企业合作的形式，为金融公司提供数字化的金融服务，如为金融企业的支付、贷款和保险等产品提供数字化平台。这些互联网公司都能够获得大量客户数据，再利用人工智能技术分析这些数据，就能为金融企业进行风险评估，从而为信贷等金融服务提供支撑。我们将通过以下三个案例进行详细了解。

(一)蚂蚁金服

蚂蚁金服是移动支付平台支付宝的母公司,是聚集保险、智能投顾、理财、信贷、数字支付等场景的互联网公司。目前为止,蚂蚁金服已经服务超过2500万家小微企业,并且与180多家国内外银行和组织达成战略合作关系。蚂蚁金服有支付宝、余额宝、蚂蚁花呗、芝麻信用等多个业务,全球活跃用户达到8.7亿,是全球最大的移动支付平台。

在小微企业的信贷服务方面,蚂蚁金服打造了蚂蚁小贷业务,基于数据驱动而不是使用数据进行分析。一般来说,对大型企业的贷款需求,传统金融机构都是花费大量时间去实地收集关于这些企业的信息并进行分析的,从而做出是否贷款、贷多少等决策。然而对小微企业,特别是淘宝店铺来说,它们的业务相对较少,融资需求规模小,且没有实体店铺等可靠的抵押品,因此老方法是行不通的。为了满足这些小微企业的大量小规模融资需求,蚂蚁金服推出了蚂蚁小贷业务,而这个业务的主要驱动力就是数据。淘宝店家在平台上经营多年,积累了大量的交易数据并且这些数据一直在更新,因此,将这些店铺特征数据作为原材料输入平台内部的人工智能算法模型中,蚂蚁平台就可以得到这些店铺的违约概率,进而做出决策。而这些贷款、还款记录又可以作为新的店铺特征数据,输入蚂蚁小贷的算法模型中,不断更新以支持决策。

在保险产品方面,蚂蚁金服也采取了类似的机制。例如运费险、退货险等,产品的相关特征、买家的性别、地域、店铺的相关特征等数据被输入蚂蚁金服的定险模型中,使得输出的保险合同十分精确和个性化,从而有效控制和降低了整体的风险。

(二)京东数科

作为全球最为领先的物流体系管理者之一,京东实施以科技服务传统金融的战略,打造的京东数字科技(以下简称"京东数科")主要是从供应链金融和消费金融衍生出的智能金融生态模式。除了供应链金融和消费金融,京东数科目前已经涉足支付、财富管理、保险、众筹等多个细分领域,服务了将近1.5亿个个人用户和50万个企业用户。

在金融服务层面,虽然京东数科将其提供的金融服务分成个人服务和企业服务两个板块,但是其对企业服务更为看重,来自企业金融服务的收入占比远高于个人金融服务。目前,京东数科在风险识别、资产管理、资产生成、销售交易等领域均有基于人工智能技术应用落地的产品。例如，在风险控制方面，京东数科通过深度学习、图计算、生物探针等人工智能技术实现了机器全自动化审核授信和放款，并且其坏账率和损失水平远低于行业平均值。目前，该技术已经帮助银行提升了 10 倍以上的信贷审核效率，降低了 70% 的客单成本。在资产生成方面，京东应用区块链技术保证基础资产数据的准确性，防止不法分子篡改。在销售交易方面，通过"场外交易合规解决方案"和"ABS（资产支持证券）二级市场流动性解决方案"，连接了聊天工具和机构内部系统，有效降低了风险。

此外，京东数科还在 2017 年推出了全球首个 FaaS（Fintech as a Service）企业服务平台——京东金融云。京东金融云拥有客户、产品、技术、数据等丰富生态。它的所有服务层模块都是基于京东数科自身多年来的科技业务经验打造的，因此十分贴近业务核心，能够切实满足不同用户在不同场景下的需求。另外，京东在金融云中对重点金融科技进行标准化，然后模块化输出，企业客户可根据自身需求自行组合，以较低的成本将所需的金融智能技术应用于精准营销、风险控制、风险定价、量化交易、智能客服等环节，全面提高服务效率和质量。

（三）微众银行

由腾讯公司、百业源和立业集团等知名企业联合发起的微众银行于 2014 年 12 月经当时的银监会批准开业，并于 2015 年 8 月上线，这是国内首家民营互联网银行。微众银行的注册资本达 30 亿元人民币，其中腾讯出资 9 亿元，认购该行 30% 的股份，是第一大股东。

在业务类型方面，微众银行主要布局小微融资和个人消费信贷，目标客户是熟悉互联网的白领等。从开业至今，该行仅向极少数消费者提供小额信贷产品，如微粒贷等，产品创新步伐缓慢，而且该行目前尚未解决远程开户问题，只能上线无须依靠账户或通过其他账户进行变相求生的产品，比如个人信贷业务。不过，由于腾讯旗下的微信、QQ 在社交领域的绝对领先地位，该行通过平台引流可以在营销方面减少投入。同时，风险控制是微众银行极为重视的环节，该行依托大数据把控风险、防止欺诈，数据主要来源一方面是中国人民银行征信中心等外部数据，另一方面是腾讯社交和支付数据。在此基础上，针对伪冒开户、虚假资料、恶意攻击等欺诈风险，形成风控工具箱，以此实现各类产品欺诈的防范策略和应对手段，以及时识别风险。

五、新兴金融科技公司的诞生

人工智能技术相对较新，一些大型互联网公司虽然也有金融智能相关领域的研究和技术，但是这部分业务并不是它们的主体业务。类似地，一些金融巨头虽然意识到人工智能在金融领域应用的重要性，但是它们并不会把所有的精力都投入金融智能这个新领域。因此，互联网巨头和金融巨头提供的金融智能相关服务并不能覆盖市场上的所有需求。于是，一些新兴的金融科技公司就诞生了，它们专注于人工智能在金融行业的技术应用研究，并且在细分领域内占有很大的专业优势。我们来看看以下 4 个案例：

（一）同盾科技

同盾科技成立于 2013 年，是一家专注于智能风控和决策分析的新兴金融科技公司。针对金融理财平台上的虚假借款、账号盗用等欺诈手段带来的高风险、高成本问题，同盾科技基于自身积累的多行业、多特征的海量数据，使用人工智能风控算法模型，实现了评价用户信用、精准过滤诈骗信息、实时监测用户交易情况、保障账户和资金安全等功能。另外，在信用卡网申带来的客户身份核实、贷后催收的风控方面，同盾科技采用生物识别、代理检测、风控规则引擎等技术，结合银行原有的线下业务的风控系统，提升和完善银行信用卡网申、网上信贷等线上金融产品和服务的风控管理。

同盾科技在 2017 年提出 AaaS（Analysis as a Service，智能分析即服务）的概念，并于 2018 年推出 AaaS 平台"智·御"。同盾科技服务了金融信贷、基金理财、电商、汽车金融、保险、O2O（线上到线下）、社交、银行等 12 个行业的 1 万多个客户，包括中国银联、江南农商行、新浪支付、齐家钱包等，并且已经为东南亚地区的一些金融机构提供智能分析和决策的金融产品及服务。2019 年，同盾科技发布了自主设计和研发的智邦平台 iBond，该平台在实现各参与方打破数据壁垒并相互充分共享的同时，又能保证数据不离开参与方，从而保护了数据隐私，使得该平台既符合国家监管要求，也符合国际上对数据保护的规范要求。

（二）云从科技

云从科技成立于 2015 年，是一家专注于将人脸识别技术应用于金融和安防领域的科技公司,与商汤科技、依图科技、旷视科技并称为计算机视觉"四小龙"。云从科技团队中 80% 以上员工有硕士及以上的学历,核心专家来自中科院、IBM、微软等知名研究院及企业。与其他大部分人工智能科技公司不同的是,云从科技除了有过硬的科研能力以外,还有十分成熟的商业化落地场景。在国内的银行业,云从科技已经为中国银行、中国建设银行、招商银行等 400 多家银行提供相关产品。

在金融服务方面,云从科技已经为众多知名银行、券商等金融机构提供技术支持并落地成果,切实帮助企业客户提升服务效率和质量。在与中国农业银行合作的"超级柜台"项目中,云从科技提供的人脸识别技术是核心技术之一,消费者办理自助业务的时间被大幅缩短,同时业务的安全性也得到了保障。在与中国建设银行合作的校园 e 银行项目中,云从科技运用人脸识别技术,在中国建设银行广东省分行提供的校园 e 银行特色服务中,加入了刷脸购物等应用,使服务变得智能化和趣味化。在与中国银行合作的居民健康卡自助发卡项目中,云从科技将人脸识别技术运用于身份鉴权,提高了自助发卡的效率和服务体验。在金融领域,截至 2019 年上半年,云从科技服务了 400 家银行的 8.8 万个网点。除此之外,云从科技的业务还涵盖安防、民航、零售等领域。

(三)拉卡拉

拉卡拉成立于 2005 年,是国内领先的综合性金融科技集团,旨在为金融机构提供全流程解决方案。拉卡拉旗下的金融科技平台自主研发了"天穹"反欺诈平台、"鹰眼"风控引擎和"小蓝"催管大师这 3 套数字化风控体系,具备完善的线上全流程用户信贷风控能力,并通过多年在信贷业务中的实践应用和反复验证,目前可实现秒级生成用户风险画像和风险评估。具体来看,拉卡拉的"天穹"反欺诈平台运用知识图谱、深度学习等人工智能技术,精准判别用户特征,降低欺诈风险。"鹰眼"风控引擎通过将自动化决策分析技术与多模型迭代结合,对用户进行二次评估,最小化违约概率。"小蓝"催管大师应用于贷后环节,电话机器人可大幅降低人工成本。拉卡拉的线上全流程风控平台可助力银行建立风控能力、提升效率和降低成本,现已为多家银行、消费金融公司提供金融科技赋能服务。同时,拉卡拉也专注于整合信息科技,并服务于线下实体,全维度为中小微商户的经营赋能。2019 年,拉卡拉全年服务商户超 2200 万家,支付科技业务收单交易金额达 3.25 万亿元。

（四）随行付

随行付成立于 2011 年，是国内领先的线下场景智慧支付平台，致力于以技术创新为小微企业提供多元化的综合金融服务。它将小微商户的需求纳入生态系统，专注于渠道下沉，以"智慧支付"赋能线下场景。

随行付在人工智能、大数据、云计算等前沿科技领域持续投入与创新，主要提供三大智慧科技解决方案。在"智慧开放平台＋新零售"方面，它基于海量小微商户，将支付、营销、数据能力赋能给第三方合作伙伴，通过提供丰富的渠道入口和科技服务，整合线下场景并共建生态系统，助力企业布局新零售。在聚合支付方案方面，可一次接入全部主流支付渠道。同时，它支持公有云的私有化部署，可统一管理所有业务和财务数据，多维度分析业务运行情况。在行业定制化方面，它深入多项细分领域，提供多种专业支付解决方案。

"智慧开放平台＋新零售"聚合支付方案行业定制化解决方案为集团账户提供资金归集服务及一站式支付解决方案，通过"一键支付，自动分账"等技术手段，极大地提升细分领域支付效率，通过超大规模的交易处理与强大的运营能力、数据驱动的智能化应用能力、线下场景综合建设能力、高效渠道下沉能力，为细分领域的不同行业提供定制化解决方案。

第三节　金融智能领域未来的发展

金融智能领域的发展潜力巨大，在政策、技术、市场、教育、经济等方面有着诸多驱动因素，产业未来生态结构也将更为丰富，将主要由互联网企业、金融企业、金融科技企业、监管机构、行业协会和研究机构等组成。金融智能将朝着规格化、普惠化、共享化、全自动化、个性化的方向发展。

一、金融智能发展的驱动因素

（一）政策

目前，国内政策对人工智能及金融智能都秉持鼓励快速发展的态度，说明了国家对发展金融智能的支持与重视。

2019年年初，人工智能在十三届全国人大二次会议上成为各代表委员口中的热门话题。会议中，多位代表委员提出人工智能技术作为新兴科技，在驱动经济发展上有着至关重要的作用，他们认为中国目前需要加强对人工智能技术的研究开发并加快其商业化落地进程。

中国人民银行在2017年成立了金融科技委员会，目的在于深入研究国内外金融科技的发展情况及其对中国乃至全球各行业、各领域的影响，并且根据研究结果建立适合中国的金融科技领域的监管机制，加强国内外在金融科技领域，特别是金融智能领域的合作。

2019年，科创板的创立让以技术为核心的金融科技公司在国内上市成为可能。同时，科创板还给出多方面利好：前期的私募基金和风险投资基金有了较好的退出通道；本土金融科技企业将由中国市场给出估值，开辟融资渠道；有利于企业的品牌树立，及时完成企业与市场的信息传递。

在制度方面，随着人工智能技术的发展及逐渐广泛应用，无论是国际还是国内，都开始发布相关的监管制度，其中着重强调对大数据的合法使用及隐私的保护。

欧盟在2016年通过了《通用数据保护条例》，并于2018年5月执行。制定该条例的目的在于帮助公民掌握个人数据的控制权，适用于与欧洲有商务合作的所有企业。条例规定公司使用的个人数据不能包含真实姓名，并且要在使用时明确合法基础和目的。

2018年5月，中国银保监会发布的《银行业金融机构数据治理指引》中指出，银行业金融机构应当建立数据安全策略与标准，依法保护客户隐私，完善数据安全技术，定期审计数据安全。银行业金融机构采集、应用数据涉及个人信息的，应遵循国家个人信息保护法律法规要求，符合与个人信息安全相关的国家标准。2019年5月，国家互联网信息办公室会同相关部门进一步研究起草了《银行保险机构数据安全管理办法（征求意见稿）》，进一步加强了对数据处理使用和数据安全监督管理的要求。

这些文件的颁布，说明了政府正在加强对人工智能领域特别是大数据方面的监管，金融智能行业的发展正在规范化。这对金融智能来说可能是个挑战，但也是其发展壮大的必经之路。

（二）技术

近几年，随着云计算、大数据、区块链等底层技术的日趋成熟，这三大基石取得了突破性进展。人工智能产业野蛮式生长，已经成为如今最重要的技术变革、全球最具热度的几个话题之一。

根据研究机构 Statista 的统计，全球人工智能相关专利的申请数量从 2011 年开始显著提升，在 2016 年达到峰值，达到了 52500 个。2017 年，专利申请数量稍有回落。这说明人工智能技术在全球都是热点研究领域，它在经历快速发展阶段后，逐渐过渡到稳定发展阶段。

进一步分析与金融智能相关的技术，目前金融智能涉及的技术主要包括人脸识别、大数据分析、人工智能及数字货币等。全球范围内，大数据预测是金融智能中热门的研究领域。而人脸识别由于其较高的易用性和普适性，也是热点研究领域之一，特别是在我国十分热门。数字货币领域由于广阔的应用前景，也十分热门。

（三）市场

从消费者的偏好和习惯来看，大部分消费者，特别是作为"千禧一代"的年轻消费者，都已经接受并习惯了互联网金融带来的便捷金融服务，并且愿意尝试更加智能的金融服务。

从市场规模来看，国内外智能金融服务的潜在市场巨大。据 Statista 研究机构统计，2018 年全球金融科技市场的交易值已经达到 44095 亿美元，Statista 将其分为数字支付、个人财务、非常规贷款及非常规财务 4 个部分。数字支付包括电商及移动收款机支付，它主要是指金融科技中互联网金融阶段发展带来的应用，占总交易值的 81% 左右。个人财务包括智能顾问和数字汇款，智能顾问是金融智能中的一个主要应用领域，目前个人财务方面的交易量占总交易的 17% 左右，但是我们可以看到它的预计增长速度非常快，说明互联网金融带来的数字移动支付等应用领域已经到了平稳发展期，而金融智能正处于快速发展期。

（四）教育

在人才培养方面，从我国政府部门发布的通知和规划来看，我国对人工智能领域的人才培养十分重视，不仅在大学本科阶段设立相关专业，还在中小学部署相关课程。

2019年，教育部印发的《教育部关于公布2018年度普通高等学校本科专业备案和审批结果的通知》中显示，全国有35所学校首次获得开办人工智能专业的资格。同时，教育部公布的《2019年教育信息化和网络安全工作要点》中也明确提出，鼓励并推动在中小学阶段设置人工智能相关课程、推广编程教育，将编程以寓教于乐的形式加入课程中，加强中小学生的编程技能，让学生对人工智能知识有基本的了解。

基于国家对人工智能领域人才培养的重视，我国的高等人才也越来越重视自身人工智能相关知识和技能的提升。在《AI指数2018年度报告》中，由斯坦福大学发起的AI指数专家小组通过统计发现，2017年，清华大学的人工智能和机器学习课程注册人数是2010年的16倍，清华大学的人工智能课程的报名学生人数增长率，是除美国以外各国大学中最高的，远超第二名多伦多大学。

因此，我们可以预计在未来几年甚至十几年，我国将会有大批人工智能领域的人才涌现出来。

（五）经济

经济的发展也是促进金融智能发展的重要因素，一些新兴市场和发展中经济体更倾向于采用新兴的数字技术。在几个大型经济体中，尤其是在中国等发展中国家，民众拥有的财富、可支配的收入正在不断增长，他们追求更高回报。个人和机构投资者的需求水平也在上升，也更希望通过更智能、更准确的投资，获得高回报。这为金融科技平台提供了更大的投资者基础和市场。

二、产业未来生态结构

未来金融智能行业主要由互联网企业、金融企业、金融科技企业、监管机构、行业协会和研究机构等构成。

互联网科技企业主要作为技术提供方，与金融企业合作，为金融企业提供人工智能相关产品和技术的支持，例如阿里巴巴、腾讯、百度、京东、华为、网易、IBM等。

金融企业是金融智能的技术需求方，是具体智能金融业务落地的地方，如中国工商银行、中国建设银行、中国农业银行、中国银行、交通银行、招商银行、中信银行、平安银行、微众银行等。

金融科技企业包括专注于金融场景的科技企业、针对细分市场的独角兽公司、大型金融企业为进行科技转型而建立的子公司、大型互联网科技公司为了部署金融行业而建立的子公司，如蚂蚁金服、京东数科、度小满金融等。

监管机构是整个行业的监督管理者，主要职责是依据国家针对金融科技领域的相关政策制度对该领域的公司进行管理，包括中国人民银行、证监会、工信部等。

行业协会和研究机构主要进行金融智能相关的前沿研究，为金融企业、互联网科技企业、金融科技企业及监管机构提供先进的理论基础，同时促进领域内外、国内外的企业机构之间的交流以及相关标准的制定。行业协会和研究机构包括中国互联网金融协会、中国支付清算协会、中国信息通信研究院等。

三、金融智能的五个发展趋势

（一）监管机构将加强法规制度，市场越来越规范化

随着越来越多的企业认识到大数据的重要性，数据的拥有量成为决定企业成功与否的一个重要因素，这也就导致了越来越严重的数据滥用、互联网隐私信息泄露等问题。因此，监管机构必将重视金融智能领域的政策法规，规范市场，不让不法分子有可乘之机。

（二）智能金融服务将普惠化

金融业务将依靠人工智能，通过互联网和智能手机提供简化和高效的客户服务。语音识别系统可以确保正确及无延迟地理解客户的问题或者执行客户想要的操作，这个过程中，几乎没有人为导致的错误操作。金融机构利用机器代替人工操作，大大削减劳动力成本，使金融服务的门槛得到很大降低。同时，由于提供的服务得到了智能化升级，机器可以为客户提供更加个性化的服务，更多的小微企业、长尾客户以及金融知识水平不够的个人用户可以方便地使用这些金融服务。

（三）企业对大数据的需求促进数据共享

企业对大数据的需求促进数据共享，"云"将成为基础架构，联邦学习技术有很大潜力。大数据作为人工智能领域的基础，是几乎所有人工智能算法和模型的重要驱动力。没有大数据的输入，企业就没有办法得到它们想要的结果。然而实际上，由于

各个企业占领着不同的市场份额，在不同的行业当中，它们只拥有自己的客户在自己所在行业的相关特征数据，没有办法得到整个市场的数据以输入算法和模型来获得更加精确、全面的结论。如果能够将企业间的数据通过"云"汇集起来进行模型训练，那么所有企业都可以互利互惠，得到更好的结果。不过，直接整合多家企业的数据是行不通的。首先，数据本身质量参差不齐；其次，由于竞争关系，数据之间的流通存在壁垒；最后，随着大数据的发展，重视隐私和安全已成为趋势，传统的数据交换很可能违反法律。联邦学习作为隐私保护原则下机器学习的可实现路径和数据孤岛问题的解决方案，允许从跨数据所有者分布的数据中构建集合模型，提供了跨企业的数据使用和模型构建蓝图，可被广泛应用于金融企业机构的联邦学习场景。因此，在目前各企业亟须大数据支撑且数据传输整合相关法规日益严格的情况下，联邦学习技术非常有前景。

（四）金融服务全自动化

目前，金融科技行业中，越来越多公司在做的一件事就是关键金融服务流程的完全自动化。智能自动化是人工智能、机器人和金融业务流程简化的组合创新。我们可以看到，已经实现部分金融服务自动化的公司得到了许多除了降低成本以外的收益，如更快的产品和服务交付、更高的客户满意度、更健康稳定的短期和长期财务状况。因此我们认为，金融服务全自动化会给金融机构带来更多的收益，而金融服务全自动化必将是未来趋势。

（五）智能化地了解客户需求、提供个性化服务将成为关键因素

以前，企业只能通过电话采访、问卷调查等人工方式来获取消费者的需求和喜好，成本高且数据不全面。如今，人工智能、大数据技术的进步让企业可以轻松获得关于用户行为和需求的全面的海量数据。对任何行业的企业来说，挖掘消费者需求偏好，为消费者提供他们真正想要的产品和服务都是至关重要的，只有弄清楚需求点才能往正确的方向开发产品和服务。对金融科技公司来说，不管是企业还是个人的业务，其最终都指向市场上的个人消费者。因此，能够智能化地挖掘客户需求将成为金融智能公司成功的关键因素之一。

第七章　金融智能引领银行新生态

金融智能的本质是依托人工智能、大数据、区块链、云计算、联邦学习等科学技术为银行业降本增效。发展金融智能的目的是加速银行业转型升级，使其更好地服务于实体经济，规避金融风险。本章将从银行业的发展现状出发，阐述当前银行业面临的痛点和挑战，提出人工智能在银行业方面可以落地的应用场景和具体解决方案，进而借助金融智能的强大支撑打造新生态下的"智能银行"。

第一节　银行业的发展现状

随着新兴技术的快速发展，金融智能迅猛突起，影响着金融格局与服务方式，使得银行业发展到今天发生了颠覆性的变化。目前，银行业正处于更加开放、更加深层次的金融智能市场中，在迎接巨大机遇的同时，也面临着更为严峻的冲击与挑战。

经过多年发展，我国银行业已进入稳健经营的发展阶段。回顾银行业的基本概况及其发展历程，随着越来越多新技术的涌现，在面对科技对银行业的诸多影响时，如何推动银行的自我变革、加速转型发展，将是我们进一步思考的重点。

一、银行业概览

银行是经营货币和信用业务的金融机构，它通过发行信用货币、管理货币流通、调剂资金供求、办理货币存贷与结算来充当信用的中介人。根据银行的性质和职能，我国的银行可以分为中央银行、政策性银行、国有商业银行、股份制商业银行、城市商业银行、农村商业银行和互联网银行。

（一）中央银行

中央银行是中华人民共和国国务院组成部门，在国务院领导下，制定和执行货币政策，防范和化解金融风险，维护金融稳定，代表银行有中国人民银行。

（二）政策性银行

政策性银行是政府为了发展经济、促进社会进步、进行宏观经济管理而设立的机构。政策性银行不以营利为目的，而是为贯彻与配合政府社会经济政策或意图、在特定的业务领域内从事政策性融资活动。代表银行有国家开发银行、中国进出口银行和中国农业发展银行。

（三）国有商业银行

国有商业银行所有资本均由国家投资，它是以分行和支行为成本、利润、风险控制和资源配置中心来经营银行业务，实施总行、分行、支行之间层级授权经营管理和信息传递，以银行内部的资金市场为依托，实现资源在各行范围内的流动。代表银行有中国工商银行、中国农业银行、中国银行、中国建设银行、中国交通银行、中国邮政储蓄银行。

（四）股份制商业银行

股份制商业银行是提供综合性服务的金融企业，它以获取利润为经营日标，面向多种金融资产和金融负债的经营对象，开展转账结算办理、存贷款经营等业务。代表银行有平安银行、华夏银行、招商银行、光大银行、广发银行、中信银行等。

（五）城市商业银行

城市商业银行是在各城市信用社清产核资的基础上，通过吸收地方财政、企业入股组建而成的地方性股份制商业银行，主要为本地区经济的发展融通资金，并为城市中小企业的发展提供金融服务。代表银行有北京银行、天津银行、汉口银行、广州银行、长安银行、新疆银行等。

（六）农村商业银行

农村商业银行是由辖内农民、农村工商户、企业法人和其他经济组织共同入股组成的股份制地方性金融机构。它带有鲜明的机构地方性特色，能够为农业生产提供经济服务，在充分发挥在农村的机构网点优势的同时，重点面向"三农"领域拓宽服务。代表银行有北京农商银行、深圳农村商业银行、广州农村商业银行等。

（七）互联网银行

互联网银行通过互联网企业的云计算、大数据等技术进行运营，以线上服务的方式向他行及非银行用户提供小额贷款、理财投资、结算支付等服务。目前，它已成为互联网企业开拓金融业务的重要渠道。代表银行有微众银行、网商银行、新网银行、苏宁银行等。

二、我国银行业发展历程

1948年，中国人民银行在石家庄成立，并开始发行人民币。中华人民共和国成立后，在计划经济体制下，中国形成了由中国人民银行"大一统"的银行体系——银行不划分专业系统，各个银行都作为中国人民银行内部的组成部分，因此，中国人民银行既作为中央银行，承担着国家宏观调控职能，又扮演着商业银行的角色，提供存款、贷款和汇兑等服务。1966年之后，银行独立性逐渐消失，中国人民银行被并入财政部，成为财政部所属的二级机构。一直到1976年，我国的银行体系才开始恢复和重建，并在邓小平理论的指导下走上了改革开放的道路。自1977年至今，我国银行业的发展大体可以分为以下4个阶段：

（一）银行业体系重构（20世纪70—80年代）

1979年以前，中国仍然只有单一的中国人民银行，同时承担着中央银行和商业银行的角色。1979—1983年，在改革开放方针的指引下，主管农村金融业务的中国农业银行、主管外贸信贷和外汇业务的中国银行、主管长期投资和贷款业务的中国建设银行和主管信贷和储蓄业务的中国工商银行相继从中国人民银行分离出来。从此，我国基本形成了以中央银行为主导、国家专业银行为骨干的银行组成体系。

（二）银行业扩大发展（20世纪80—90年代）

改革开放的进展为银行业的扩大和发展提供了动力。1993年，中共十四届三中全会提出要"建立政策性银行，实行政策性业务与商业性业务分离"。1994年，我国相继成立了专门办理政策性信贷业务的国家开发银行、中国进出口银行和中国农业发展银行三大政策性银行，为国家专业银行向国有独资商业银行转型创造了条件。1995年，第八届全国人大常委会第十三次会议通过了《中华人民共和国商业银行法》，为商业银行自主经营提供了法律保障，它明确了商业银行的性质、市场地位和与其他金融市场主体之间的关系。

与此同时，其他类型的银行也在快速发展。例如，1986年，交通银行重组，成为以公有制为主的股份制银行。之后的10年中，广东发展银行、浦东发展银行、招商银行、中国光大银行等12家股份制银行相继成立。1995年，在16个城市信用社的基础上，中国人民银行开始组建城市商业银行的试点。1995年2月，中国第一家城市商业银行——深圳城市商业银行成立。到1996年年底，共有18家城市商业银行开业。

（三）银行业深化改革（20世纪90年代至21世纪初期）

经过近20年的发展，1996年年底，我国形成了以四大国有商业银行为骨干的庞大的商业银行体系，但是该体系仍然存在一系列的问题：信贷资金的融通仍带有较强的计划经济色彩；政府较多地干预银行的运营；银行管理层从自身利益最大化的角度出发而做出的决策，具有规模偏好和费用偏好；银行内部管理薄弱，风险管理措施不到位。

产生这些问题的原因在于计划经济时期遗留下来的陈旧观念难以快速改变，以及社会主义市场经济建设初期存在制度缺陷等。自1998年以来，中国政府一直不断大力推进商业银行的改革并不断强化对商业银行的监管，但我国商业银行的改革仍然停留在一些浅层次的改变上，如转变经营机制、健全管理制度、变更业务范围、调整营业网点等，且对国有商业银行的监管力度并不大。

（四）新时代，新挑战（21世纪初期至今）

2002年，中国加入世界贸易组织（World Trade Organization，WTO），逐渐放宽了对外资银行的准入与管制。随着对外开放政策的逐步开展，以及开发进程的逐步加快，外资银行的进入给我国银行业的发展特别是商业银行的发展带来了新的机遇，但与此同时，也给我国商业银行的发展带来诸多挑战，如我国商业银行竞争力较差、不良资产率高、资本充足率低等。

为了应对上述挑战，2003年开始，我国政府决定进一步加强对商业银行的监管。2003年4月28日，中国银行业监督委员会（简称"银监会"）正式挂牌成立，行使银行监督管理职权。同年，我国颁布了多条法律，明确规定了银监会的职能，使其对银行业的监督有法可依，同时也重新对中国人民银行的职能进行了定位，强化了其与制定和执行货币政策有关的职能。在推进改革的同时，我国银行业于 2006 年全面对外开放，并向外资银行全面开放人民币零售业务，这标志着加入 WTO 时的承诺全面兑现。这些针对我国商业银行的改革措施，已彻底改变了我国银行业原有的体制、机制，并一步步促进银行业向市场化、多元化经营发展。

此外，随着移动互联网的普及和科技发展的日新月异，中国的互联网金融及相关业务相继出现，很多传统业务也由线下转移至线上。2011 年，中国人民银行正式发放第三方支付牌照，真正的互联网金融业态出现；2013 年是"互联网金融元年"，一时间大量企业涌入互联网金融领域。这一阶段，互联网将金融银行的交易、支付、资金等外部服务转移至线上，通过搭建在线业务平台实现将信息共享与业务融合，其本质是对传统金融渠道的革新。互联网金融具体到银行业（互联网银行），通过大数据、云计算刻画客户特征、辨识信贷风险，最终实现纯线上放贷，从而突破了网络银行时代的安全信息易泄露、网络金融立法相对滞后的局限。

近年来，互联网金融随着信息技术和互联网的飞速发展，在科技的推动下呈现出迅猛发展的态势，以移动互联网、人工智能、云计算、区块链、大数据等为代表的新兴技术给许多行业带来了变革，当然也包括金融科技覆盖下的银行业。例如，2015 年，兴业银行成立金融科技子公司兴业数金，成为第一个"吃螃蟹"的银行。

2018 年 3 月，国家对银监会和保监会进行职责整合，形成中国银行保险监督管理委员会（简称"银保监会"），通过监管机制的力量集中与规则统一，避免了银行与保险公司之间的业务责任、权利边界不清晰的问题，从而保障了金融消费群体的合法权益，维护金融稳定。2018 年 4 月，中国建设银行斥资 16 亿成立建信金融科技，成为第一个成立金融科技子公司的国内大行。2019 年 5 月，为了推动智能银行迈向新纪元，我国香港金融管理局相继向 8 家机构颁发虚拟银行牌照。虚拟银行通过引入创新科技使原本重复性工作更为轻量化，专注标准化借贷和支付领域，致力于提供比传统银行更快捷、更便宜的零售银行服务。2019 年 6 月末，兴业银行、平安银行、招商银行、光大银行、建设银行、民生银行、华夏银行、北京银行、工商银行、中国银行等10 余家银行陆续成立了金融科技子公司。

据普华永道《2020 年与未来的金融服务技术：拥抱颠覆者》报告，全球 81% 的银行首席执行官在众多领域中最关注科技发展，而中国传统金融机构已开始探索科技赋能金融之路。除了与百度、腾讯、阿里巴巴等互联网巨头联手外，不少传统金融机构选择孵化自己的金融科技子公司。这也充分说明，金融智能的飞速发展不仅为银行业智能化转型创造了可能性，还为新时代银行加速转型提供了发动机和助推器。

三、科技对银行业发展的影响

银行业紧随时代与技术发展的脚步，使用人工智能、区块链、云计算、大数据以及联邦学习等新技术，逐步采用了构建电商平台、发展互联网交易银行、建立综合金融服务模式等方式，以改变传统的产品、服务和风险管理。目前，我国的金融科技活动，主要发生于传统金融业、互联网机构、新兴互联网金融、通信机构和基础设施等机构中，并且集中在互联网支付、网络借贷、众筹融资、互联网基金销售、互联网保险、互联网消费金融等业态。以上诸多方面的变革对传统银行业务造成持续的巨大冲击，促使传统商业银行部分职能发生转变。

（一）支付清算方式的转变

金融智能正在以空前的发展速度与变革广度改变支付清算领域的格局，它极大地扩张了参与主体和支付服务产品，也使支付清算行业的参与主体变得更加多元化。除了传统的以卡为主的支付清算模式，又增加了互联网企业、商户、电信运营商、终端提供商和平台服务商等更多参与方，这极大地提升了支付清算行业的创新活力，以及支付清算服务的普惠性。支付清算行业的支付产品和渠道也更加多元化，比如支付方式已经从传统的现金、纸质票据、银行卡支付，拓展到网上支付、二维码支付、手机支付、可穿戴设备支付等新兴支付方式。金融科技还打破了线上和线下支付方式的边界并深度融合，使得支付与商业服务场景加速融合，并向消费信贷、投资理财、保险等金融服务延伸。虽然银行支付仍占主导地位，但是非银行机构的支付业务增长势头不容小觑。这会逐渐减少银行在支付领域的营收，也促使银行快速应对、调整方案，通过技术革新将传统支付业务迅速切入社会、旅游、消费等生活场景，认真考虑客户的实际需求，为用户提供更多便利。

对此，作为中国金融体系中坚力量的商业银行，必须以积极的心态应对市场竞争所带来的压力与挑战，充分把握好转型发展的机遇，使自身在市场转型的变化中占得先机，主动拥抱市场的发展变化。一是对自有的大数据进行有效利用，建立用户画像，实现精准营销，从而创新银行支付产品。另外还需要从数据角度多维度发掘客户的潜在需求，以便有针对性地提供和革新银行卡产品和卡服务，进一步巩固银行卡支付规模。二是跟随新兴支付发展，构建线上线下一体化支付平台。近年来，各家商业银行积极更新手机银行平台，推出微信银行小程序、静态码支付等基于移动端的金融工具，并不断加大对科技创新的投入，此外，踊跃尝试智能投顾、网络放贷、直销银行等模式。三是商业银行需要根据其自身性质与特点不断深化合规经营发展的文化和理念，主动管理系统性金融风险，将防范风险管理放到更重要的位置，并统筹平衡客户体验的便捷性与风险管理的安全性。四是商业银行应积极推进跨界合作，与非银行支付机构实现共赢发展。积极推进与传统支付场景不同的跨界合作，重视与非银行支付机构的合作共赢，强化网银、手机银行、微信银行、直销银行在不同支付场景的深度融合。

（二）融资借贷方式的转变

在我国，融资困难一直是小微企业发展的痛点，而互联网金融贷款融资的审核门槛相对较低，这正好能够解决部分企业的融资需求，缓解小微企业的发展困境。金融科技公司在融资借贷方面另辟蹊径，开拓了有别于银行传统的房贷、车贷等贷款业务，在小额消费贷、虚拟信用卡等领域与银行展开竞争。

网络借贷模式在满足小微企业和普惠人群的借款需求、降低借款成本上都发挥了重要的作用。同时，风控问题成为决定互联网金融机构生死存亡的关键所在。以开放的心态采用多种形式构建适合自身的分工体系，成为商业银行、消费金融公司、互联网金融公司等的必然选择。

随着 2016 年 8 月 24 日《网络借贷信息中介机构业务活动管理暂行办法》发布，互联网金融平台对接银行存管的速度有明显提升，较为规范的平台都已经上线银行存管。上线银行存管功能对平台的合规运营具有重要意义，用户开通存管账户后，相关信息及资金走向都将受到银行监管，资金存管在银行存管方面引领行业，切实达到了合规监管要求。事实上，互联网金融平台如果能够上线存管系统，某种程度来说也是对平台资质的认可。

（三）资源分配、风险交易的转变

以往想要购买投资理财产品和获得理财服务，通常只有银行这一个渠道。现在，随着以余额宝、财付通、京东金融为代表的一大批新涌现的互联网理财平台的发展，这种垄断被逐渐打破。这种改变促进了网络理财放量增长，在一定程度上撼动了商业银行的地位，减少了商业银行的营收。

互联网理财凭借移动互联网端的便捷性得以迅速推广，在细分市场中，尤其是对大量中低收入客户群有较大的吸引力。投资理财搬家导致银行的活期存款转到第三方平台，这给银行的活期存款带来了极大的冲击，影响了银行的负债业务，也削弱了商业银行的市场地位。对此，商业银行应利用自身拥有海量客户数据的优势，积极通过大数据挖掘获得精准的用户画像，从而准确把握客户理财需求，实行差异化营销策略，推出可满足特定目标群体需求的理财产品，减少客户流失。例如充分利用物理网点的优势，在进行理财销售时开展财富顾问的服务。

（四）消费金融业态的转变

消费金融是一种向不同阶层的消费者提供消费贷款的现代金融服务方式。我国传统的商业银行消费金融业务主要有两种模式：一种是个人消费贷款，现在已经基本形成一套包括旅游、留学、购房等项目在内的较为成熟的消费产品体系；另一种是信用卡，目前已形成较为稳定的信用市场格局。但由于传统商业银行的消费金融数据分析与互联网消费金融机构的大数据分析相比，相应的信息及获客数据存在一定程度的滞后，且对银行而言，还要面临消费金融业务办理手续更加复杂、审批合规流程长、审批效率不高等问题。随着金融科技的快速发展，传统的消费金融业务模式发生了改变，出现了"智能化"和"互联网"的消费金融概念。

在这种新模式的驱动下，背靠巨大用户流量优势的互联网金融平台不断涌现。以蚂蚁金服的花呗为例，它主打的是虚拟信用卡模式的账单分期，以及与特定购物场景合作的交易分期这两大功能。借助支付宝通道，花呗可以快速、高效地打通垂直于电商、线下消费、团购外卖等拥有巨大网络流量的支付场景。同时，花呗的智能化平台还会根据用户的使用频次和优先级设定推送分期、抽奖等优惠活动，加强用户的使用黏性。另外，花呗会形成一套基于大数据与风控模型计算形成的信用评级，即芝麻信用，以此为用户提供合理的额度区间和计算费率。这促使银行消费金融业务也不断向线上金融场景转移，逐步渗透垂直、细分领域，比如教育学费、医疗保健等分期付款业务。同时，为了在激烈的消费金融市场中拓展与深耕，商业银行正在对依靠存贷款利率差生存的制度进行改革，加速自身由高资本消耗向轻资本业务的转型，打造符合智能化时代的消费金融新业态。

1. 跨境支付方式的转变

相比境内支付方式的层出不穷，跨境支付发展则显得有些缓慢。一是因为跨国主体之间需要通过强有力的第三方金融机构来进行跨境支付；二是因为跨境支付会涉及货币转换问题，必须有购汇机构的参与；三是因为各国对货币监管政策不同，监管合规成本高，阻碍了跨境支付改革。

区块链技术的出现打破了这一僵局。世界各国央行正在探索将部分支付系统转移到区块链技术下的支付体系中。瑞士联合银行已经提出了"公用事业结算硬币"概念，希望创建金融市场的数字货币来替代央行发行的现金。而我国银行开始将区块链技术融入跨境支付网络体系中，用系统中与支付款等额的、具有公共节点信息记录的数字资产来做中介，从而实现跨境支付。

2. 票据管理的转变

银行票据管理通常指对支票、汇票等票据的承兑、保管和转让。商业银行作为票据交易中心，在业务运营进行票据的大量流转时，票据业务管理上很容易出现问题，比如人为不规范操作、恶意欺诈、票据中介违规操作等现象，使得银行利益与商誉受损。据统计，仅2016年上半年曝出的银行票据重大风险事件，就涉及数十亿元资金。

随着银行智能化程度逐渐加深，区块链技术开始在票据管理中应用，它可以解决票据管理中遇到的上述问题。在区块链上进行的票据交易，交易过程中产生的数据会被所有参与节点记录并且不可篡改，时间戳为票据提供了存在性证明，具有可追溯性，如中国人民银行在2018年6月搭建完成的一套以区块链为基础的面向国内企业的支票数字化系统，可以支持运行在区块链的数字票据完成承兑、背书转让、贴现等一系列业务。另外，区块链的非对称加密算法具有双向不可逆且无须交换的特性，一方面使得非私钥持有人无法伪造该用户的票据签名，另一方面也能有效地防止假票的产生。区块链技术可以将实体票据转换为数字票据，从而将票据价值进行去中心化传递。

第二节　传统银行业的痛点

　　一般来看，传统银行在业务、资金、客户方面受到的影响较为严重，主要体现在消费金融、支付、理财和信贷四方面。这是由于传统银行长期在"安全合规"的市场环境下成长，变化速度较慢，"试错"机制不足，试错成本较高。总体来说，有以下三方面的痛点：

一、贷款业务方面的痛点

　　在确定贷款额度时，传统金融贷款风险控制、审核是以"风控评分卡模型自动审核为主，人工审核为辅"的模式进行的，客户基本特征（性别、年龄、教育程度等）、客户的风险暴露情况（社会收入、债务情况、还债能力综合评估）、现有的社会表现（房贷还款情况、其他银行信用卡使用情况等）都是影响审批额度的主要因素。

　　在贷款流程发起前，银行通常会分析借款人账户流水等信息以判断借款人还款能力，如借款人缴税、水电费支付都是由银行代扣代缴、工资由银行代发。银行通过观察支付是否有中断、明显减少等行为，判断企业经营是否发生重大变故。另外，银行需要客户在行内有较长时间的结算关系，并且客户经理在企业财务到银行对公柜台、储蓄柜台办理各种业务时，会通过客户透露出来的一些信息获知企业的运作情况以及资金需求，这也使银行一般不直接与陌生客户打交道。对贷后管理而言，同样依赖客户的结算信息。

　　由于传统贷款模式具有环节复杂、周期较长、流程单一、差别化服务较弱的特点，审批方式仍存在人工化、纸质化等问题。由于风控管理和技术系统尚不完善等，银行在贷款业务发展过程中遇到以下痛点：

（一）商业银行次级贷款比例上升

　　2013年以来，经济增长速度放缓，制造业、批发零售业、采矿等与整体经济形势关联密切的行业风险暴露加快，关注类贷款大幅增多，信贷违约日趋增多，导致商业银行的对公贷款不良率快速提升，商业银行传统信贷业务面临严峻挑战。

（二）商业银行净息差持续收窄

在利率市场化、金融脱媒不断加剧、互联网金融不断冲击等背景下，商业银行传统的以存贷业务为主的盈利模式受到挑战。近年来，除了资产质量持续下行，净息差也整体显著收窄，目前普遍集中在 1.5%~2.5%。

（三）银行内部竞争加剧

近年来，中小银行尤其是农商行的数量及资产规模均呈现爆发式增长，银行机构数量的快速增长导致彼此之间的竞争加剧。此外，利率市场化推进将导致息差收窄，将进一步加剧银行之间的竞争。

二、存款业务方面的痛点

相较于互联网金融在获客和精准营销方面的天然优势，传统银行在这方面并没有突出的能力，它们主要是通过线下网点开展工作，不但精准度低、主动性差、服务半径小，而且营销成本很高。传统的净利差，即贷款平均收益率与存款成本率的差值，一般为 4.5%~5%。传统银行在扣除营收和各类成本费用后，分配至储户存款账户的活期利息仅有 0.3%。高运营成本削弱了传统银行吸储能力。但对互联网银行而言，各类运营成本大幅度缩减，使得储户可以获得 3.5% 甚至更高的活期利息收入。

三、支付业务方面的痛点

传统银行的客户流失与其自身经营发展和产品服务质量息息相关，同时受市场竞争环境影响显著。随着互联网金融的发展，传统银行网点的高峰期交易冗长、金融产品同质化、小微企业客户流失等，这些现象所带来的问题与痛点越发明显，比如等待时间长、交易处理慢、产品门槛高等，使得客户满意度逐渐下降，客户流失严重。

第三节　传统银行的转型道路

在新兴互联网技术的冲击下，传统银行已加快转型步伐，在平台、产品、内部管理和经营策略等方面都进行了重要调整，行业迎来了新一轮的金融科技革命。目前，现代金融科技已被列入我国信息化发展规划，银行业注定要走上对外合作、对内创新的转型之路。

一、传统金融机构与金融科技企业合作

收购方面，传统金融机构通过收购高潜力、颠覆性的金融技术初创企业，吸收它们的技术与创新，并与自身的业务结合起来，从客户收购、营销、风控、组织结构等方面获得更高回报。

战略合作和合资方面，传统金融机构通过合作、合资等方式与金融技术初创企业进行互利合作，共享金融技术成果。例如，传统金融机构可以提供充足的资本、先进的风险控制概念和共享的客户发展需求。作为回报，传统金融机构受益于特定的产品或服务、特定功能级别的金融技术，并利用创新金融技术在现有系统内进行实验，以促进内部业务组织和系统平台的转型。

投资方面，随着金融科技的蓬勃发展，传统金融机构不可避免地在金融技术领域进行大力投资，投资方式主要有两种：一是直接投资于互联网、数据挖掘与分析、智能开发、云计算、云存储等创新型企业，使这些创新型企业能够融资，扩大企业的规模、提高企业价值；二是设立专门的投资性金融技术项目基金，不仅限于移动支付、借贷和理财业务，还积极供给金融高端服务业，如金融证券分析师机器人。

基于云计算、大数据、区块链和人工智能等方面展开深度合作，共建普惠金融、云上金融、智能金融和科技金融，建立了统一的金融大数据平台，在客户需求洞察、风险管理体系建设、金融效率提升等方面进行深度合作。传统金融机构通过孵化活动培育初创企业。孵化是传统金融机构与金融技术初创企业合作的首选之一。传统金融机构建立资金充足、风险承受能力强的创业孵化器或部门，与高校、科技公司或者初创企业建立联系。通过"黑客马拉松"新论坛、API（应用程序编程接口）技术交流活动和定期业务技术培训活动，一方面参与并促进金融技术创新，另一方面也建立人才储备。

二、部分银行互联网贷款、线上业务办理

在互联网的浪潮中，传统银行必须走上对内创新的改革之路，需要植入互联网思

维，并对业务流程进行改造。传统银行近期相继推出互联网贷款方式，主要针对小微企业和个体用户，利用大数据进行等级评估，快速办理贷款业务。

例如，在 2014 年 12 月，浦发银行正式推出其"网贷通"POS 贷业务，此举的意义在于以互联网思维发展小微金融，打造小微金融全新模式。值得注意的是，浦发银行此次主要是与第三方支付机构银联商务、通联支付两大收单机构合作，在对接双方的系统后，在客户在线授权的情况下获取客户相关信息和数据，以申请人交易流水、个人征信等信息为依据，实现对申请人的综合信用评价与差异化风险定价。

第四节　智能化在银行业的应用场景与解决方案

目前，智能化已然成为银行业追求的目标之一，人工智能为智慧银行建设提供了诸多新路径、新手段。本节将从"智能员工""大数据分析""线下支付""智慧预测""声纹核身""图计算洞察反洗钱风险"和"区块链征信"等银行业所需技术应用的现实角度出发，分析人工智能技术在银行智能化建设中的作用和价值。

一、智慧员工推动银行发展，提升用户体验

近年来，人工智能和自动化技术快速发展，"智慧员工"这一概念在生活中逐渐普及，并被广泛认知、理解和接受。智慧员工从两个方面发展：一方面是机器人流程自动化，通过让机器人模拟人类的行为，代替人们做一些工作，把人类从烦琐、机械的劳动中解放出来；另一方面，结合大数据、机器学习、深度学习等技术，逐步实现让机器像人类一样思考、学习和判断。

目前许多行业和企业正在积极引入机器人流程自动化系统，并在此基础上逐渐拓展更先进的人工智能应用，银行业也不例外。智慧员工可以帮助银行自动化完成一些重复性的工作，使员工将精力投入更有价值的工作中。

随着国家一系列人工智能政策的颁布与实施，各个行业都在从"制造"向"智造"迈进，银行业也不肯屈居人后，它们积极驱动战略转型，试图通过科技手段创新业务模式、升级传统业务、促进智慧管理，构筑银行的新业态。而智能机器人作为银行产业升级和改造的突破口，极大增强了传统银行的核心竞争力。

交通银行的智能客服机器人"娇娇"的问世，就是传统银行业务创新和智能化的一个典型例子。交通银行已开始大规模采用智能机器人，让其全面服务银行的广大客户，交通银行也因此成为国内首家大规模采用智能机器人的大型银行，率先走在了中国银行界乃至世界银行业智能化的前列。

此次推出的智能服务机器人，是在交通银行指导下，由多家机器人产业链企业精诚合作研发而成的，依托行内海量的数据积累和国际领先的智能引擎，集大数据、人工智能等先进技术于一身，致力于成为机器人行业的佼佼者、金融行业的全能"员工"。可以说，该机器人的推出不仅走在了银行界的前列，更是走在了人工智能行业的前列。智能客服机器人首次以全自主的方式在交通银行网点开始试运营，打破了金融行业实体门店少有全自主服务机器人的现状。

智能客服机器人拥有自主定位导航、动态避障、语音交互、智能推荐等多项功能，并能灵活地在银行大堂移动，既能在客户有需要时就位，又能做到及时避障，不影响客户的正常行动。当客户在业务办理过程中遇到问题需要咨询时，智能客服机器人可以通过语音交互功能直接与机器人进行沟通，查询问题并获取相关服务。除此之外，智能客服机器人还能根据用户需求，为用户智能推荐相关产品，扮演着"AI投顾"的角色。下面，我们将对智能客服机器人的使用价值进行介绍。

（一）提高业务处理效率，减少客户等待时间

每当去银行办理业务时，漫长的等待往往是大多数客户的痛点，也是传统银行办理业务的常态。对此，智能客服机器人可替代许多重复性的基础业务工作，以减缓业务拥堵。例如，机器人会为客户提供窗口引导、排队取号、增值业务、开户办卡、产品信息查询等服务，把原本需要花两三个小时的事缩至半个小时内完成，大大减少客户排队等待的时间。按照银行业务统计显示，智能服务机器人平均每月成功办理的业务量总计达300余次，平均业务处理时间小于30分钟，有效减缓了工作人员的办公压力并缩短了客户排队时间，大幅提升了银行服务效率及智能化体验，同时增强了客户黏性。

（二）分析客户行为，挖掘潜在客户

智能服务机器人是人工智能技术的载体，它可以通过传感器和其他交互手段获取

大量客户数据并分析客户行为，可以在与顾客交流过程中挖掘客户的喜好和需求，进而开发更多潜在客户。同时，在大数据分析下，通过智能服务机器人的反馈，银行可以及时发现业务中的一些短板，通过问题统计和客户反馈，优化运营流程，提升管理精确度，提高经营管理水平。

（三）协助银行进行营销推广

智能服务机器人可以为客户提供面对面、点对点的业务咨询与指导服务，并精准地根据客户属性主动向其介绍银行热销理财产品、信用卡并通过手机扫码为银行获客。智能机器人每次与客户交谈、为客户解决问题的过程，其实就是机器人为银行了解客户需求与兴趣的过程。银行通过智能机器人得到客户的信息并进行分析，有助于银行向客户开展产品营销工作。

二、声纹识别助力银行风控防堵

近年来，声纹识别技术逐渐为金融产品服务注入新的动力，达到提高银行全环节业务的风险管控能力、降低人工审核成本和提升客户体验的目的。作为技术创新的一种手段，声纹识别技术具有隐私相关性低、支持多要素认证和双向交互等特点。随着技术发展日趋成熟，引入声纹识别已经能够为银行保驾护航，降低实施及运营风险，实现业务发展的需要。

（一）银行信用卡业务——电话客服声纹核身

声纹识别是一种利用声音辨别说话人身份的生物鉴权技术，银行通过搭建声纹识别应用的子系统，接入生物融合平台以及电话中心渠道，形成信用卡电话客服与声纹识别应用的端到端联通。细分来看，银行在原有的呼叫中心业务系统中引入实时语音流模块，该模块会对客户语音旁路抓包，镜像成指定采样率、音频格式的语音文件，按照信用卡的风险等级和业务逻辑判断，由坐席端在呼叫中心系统发起请求，判断是否对客户进行线上声纹注册。同时，对银行客服渠道的存量电话录音也可实现批量的线下声纹注册，即建立全量声纹库。当客户再次进线时，同样会由业务逻辑判断后对客户发起声纹验证请求，核实客户身份。银行在声纹识别这一金融智能技术的加持下，提升了业务效率和客户服务满意度。

这一技术丰富了银行的风险识别要素，更有效地控制和防范非本人电话业务办理造成的信用卡盗刷案件。同时，通过引入声纹识别技术，降低银行贷前、贷中和贷后的人工核身成本，快速有效地识别客户身份，最终实现风险控制、防堵止损的应用价值。

（二）手机银行业务——App 声纹锁

近年来，随着手机等移动设备的广泛使用，移动化办理已经成为银行业务发展的主趋势。目前，我们了解到包括中国建设银行在内的多家银行为保护客户的信息和资金安全，均采用了声纹识别技术。该技术是在传统认证方式（如密码登录、短信验证码等）基础上出现的一项增强安全手段，它通过语音中所蕴含的、能唯一表征说话人身份的声纹特征信息和基于这些参数训练的声纹模型来识别说话人身份。

声纹识别应用于手机银行 App 业务场景。当用户用传统方式登录后，可以打开功能配置开关以开通声纹验证功能。声纹识别开启后，用户在首次登录 App 时会提示注册声纹，完成个人声纹信息预留。一旦声纹注册成功后，用户每次登录只需进行声纹验证即可。

具体来看，声纹注册过程中，需要用户点击注册声纹按钮后，在低噪或无噪的环境下对手机话筒读出屏幕产生的 8 位随机数字，至少 3 次，直至完成注册。同时，业务系统可以根据实际情况，对用户进行提示或由用户选择声纹重置。声纹验证过程中，用户点击验证按钮，读取屏幕上产生的 8 位随机数，若说话人和注册人为同一个人，则返回验证成功，否则返回验证失败。用户可以在声纹验证时多次尝试，若出现多次不通过，仍可换用密码、短信验证码等其他验证方式完成身份校验。

在声纹识别技术的加持下，手机银行可以为用户提供多因子认证方式，解决用户忘记密码的困扰，减少用户登录时间，降低信息泄露的风险，在保障账户安全的同时，也提升了用户体验。

三、线下刷脸支付便利生活

随着现代金融技术的发展，商家与用户交易的支付方式已经从现金拓展到银行卡及手机支付等多样化的途径。然而，用户在支付流程中，或多或少会经历排队付款、银行卡丢失及遗忘支付密码等痛点。同时在银行业务场景中，用户的身份验证是无法避免的流程之一。银行客户进行开户及转账业务均有身份验证场景，传统的身份验证流程多在线下进行，存在着效率低下、流程烦琐且涉及身份证易被盗用的问题。因此优化身份验证流程成为目前金融行业各个领域的共同挑战。

支付宝"刷脸付"是蚂蚁金服所开发的新型智能支付方式。完成实名制支付宝绑定的用户能够在无须携带手机或银行卡的情况下，凭借"刷脸"的方式完成支付行为。根据"刷脸付"在杭州某肯德基点餐机的应用统计，刷脸付操作耗时不超过10秒。对商家而言，刷脸支付的方式能够提高经营效率和信息化水平，并缓解收银台排队付款的压力，实现商业升级。对用户而言，刷脸支付能够免除携带银行卡，甚至携带手机的必要，在保证支付能力的前提下，减少财产（银行卡、手机等）遗失的风险。

支付宝"刷脸付"是集合人工智能、生物识别、3D传感、大数据风控等技术的新型支付方式。产品特点包含金融级安全性、金融级准确性以及动态手机号方案。针对安全性，"刷脸付"设备能通过所配置的3D红外深度摄像头，在人脸识别前通过软硬件结合的方法进行活体检测，以判断所采集的人脸是否为照片、视频或软件模拟生成的图像，以避免伪造人脸所带来的身份冒用情况。在准确性方面，"刷脸付"技术运用了支付宝在线上多年积累的具有极高技术价值的金融级识别技术，并针对刷脸场景做出多项针对性优化。而配合"刷脸付"的动态手机号方案则是基于金融智能风控技术的解决方案。根据算法所能够判断的支付安全等级，"刷脸付"产品将自动决定是否需要执行手机验证步骤。

"刷脸付"的背后是一项关键技术：人脸识别。当前阶段的人脸识别不是单一的技术，而是融合了神经生理学、脑神经学、计算机视觉等多方面学科的技术。不过，本质上它还是一项计算机视觉技术。通俗来说，就是利用摄像头等传感器设备代替人眼获取图像，利用计算机对图像信息进行处理，综合人类的认知模式来建立人类视觉的计算理论。为了实现人脸识别技术，计算机视觉中还引入了图像处理、模式识别、图像理解、图像生成等学科的知识。其中，图像处理用于把原始图像转换成计算机更容易识别的图像；模式识别是计算机判断自己要识别的是什么和怎么识别的过程；图像理解用于对图像中描述的景物进行分析；图像生成用于当图像的部分信息缺失时，将缺失的信息补上。

四、RPA加速银行业务流程自动化

RPA的全称是Robotic Process Automation，即机器人流程自动化，它是一种模拟人对计算机软件进行操作，如银行信息化业务平台和管理系统，并按照既定的业务规则完成一系列重复性工作的虚拟机器人。随着银行业务不断拓宽与深入，大量重复性、流程化、高风险的工作也随之增加，使得单凭人力控制和机械操作已无法满足银行对业务处理效率的要求。基于人工智能技术的RPA可以很好地解决这一问题，适用于多个银行业务场景，如针对规则驱动、处理频率高的大批量欺诈数据检测工作，版式设定固定数据、信息来源于不同系统的报告工作等，可大幅提升员工工作效率，降低运营成本。下面我们以兴业银行为例介绍多元业务流程自动化。

为了促进银行业务向数字化和智能化发展，确保前端、后台流程运转效率最大化，兴业银行在2019年5月已完成信贷机器人、财务报表机器人等10余款流程机器人产品的上线，涵盖全自动、智能决策等多种类型。据统计，在第一款流程机器人上线后一年半的时间中，兴业银行上线的15个流程机器人已经为兴业银行节约了22000人/天和515万的运营成本，同时实现约2.33亿元的营运增长，客户体验也不断提升。下面具体分析兴业银行业务应用案例。

（一）智能挖掘理财需求

流程机器人会每日从相关资讯平台上获取理财公告，基于自然语言处理等人工智能技术捕捉公告中的关键理财信息，将每篇公告转化为结构化数据，并对数据进行加工、整合，以便业务人员直接分析。应用RPA可以有效降低银行人力成本，并提升营销的效率和精准度。同时，每日留存的理财信息也能帮助业务人员判断、分析市场走势，以此打造出市场需要的理财产品。

（二）监控贷款后的资金流向

银行对贷后资金进行监控，通常会依据用户贷款金额数量及流向目标、贷款时限等规则筛选出可能违规使用贷款的用户，并生成可疑用户名单。在传统的监控流程中，需要业务人员手工逐条筛选数据，人力耗费巨大，监控效率很低。据统计，兴业银行通过上线贷款资金流向监控的RPA，效率提升了将近99%，而且RPA的应用可每年为全行节约近百万元的人力成本，有效提升了风控管理效率。

（三）精准办理信用卡

兴业银行的信用卡中心会在用户库中筛选出有可能加办某类信用卡的目标客户（如经常办理分期付款的用户），再统一分发给各分行进行信用卡精准营销，从而扩大银行的生息资产规模。在 RPA 上线后，它可以替代传统的人工方式加快营销数据核对整理、信息补全等操作流程，使客户提前数天收到信用卡。据银行方面统计，这一应用可提升效率达 83%。不仅提高了客户办卡体验，也增加了银行信用卡消费金额、分期交易量。

（四）采集企业报表信息

兴业银行业务人员在整理与上传财务报表时，会经常对大量的企业报表信息进行采集、录入和核对等。在 RPA 应用后，它将替代人工登录业务平台，结合文字识别技术自动识别报表信息，并在业务平台中自动完成相关企业报表信息的录入。据统计，该应用可将效率提升 80%，节约了大量的人力成本。

五、智能预测分析工具阻绝失败交易

在金融交易中，交易失败意味着直接的财产损失。因此，如何保证交易成功率，预警、避免存在风险的交易活动，是各大金融机构共同面临的挑战。然而，若交易员为了成功率花费太多时间于单项交易信息的核实，其效益、效率都会受到影响。以法国巴黎银行（BNP Paribas）为例，该企业发现有 30% 的交易行为需要通过人为干预来阻止失败交易的执行。因此，法国巴黎银行试图采用人工智能来改善这一痛点。

为了对金融交易的潜在风险进行预测与分析，法国巴黎银行定制开发了一款名为 Smart Chaser（智慧追逐者）的智能预测分析软件，并投产应用于交易系统。Smart Chaser 主要是基于智能算法对数千件失败案例数据及对应的 100 项关联因素进行分析，并提取各项案例的特征。软件会基于预测性分析技术对历史交易数据与执行中的交易行为进行进一步分析，匹配历史数据的分析结果，包括交易时间、交易对象、价值、经纪人历史操作等，预测出失败概率，指明最有可能完全失败的交易子集并反馈原因，提出拯救它们所需的行动步骤，从而确保中间团队可以将注意力分配到最需要的地方。如此一来，Smart Chaser 即可取代交易员进行各项信息的审查工作，通过智能识别手段完成需要人工干预的交易活动，并以邮件方式自动通知交易员，使其在交易失败前发现隐藏的问题与风险，做出正确决策，从而降低交易失败概率。

值得一提的是，Smart Chaser 是动态优化的，因为它不断改进用于预测的模型，使用历史数据来学习和提升准确度。其预测模型每天会使用过去 3 个月的数据进行更新，以调整分配给不同因素的权重，从而不断提高其预测的准确性。早期模型系统使用的是过去一年的历史数据，但事实证明，滚动的 3 个月数据集可以为模型提供更高的准确性。

法国巴黎银行通过智能预测分析工具可以更好地识别风险概率，这可以在两个方面为客户带来益处。

效率：通过提前预测出失败交易，减少银行服务团队在交易中花费的时间。同时，系统及时向团队反馈失败原因，也可减少失败交易的总数。

交易透明度：允许客户根据交易失败的概率来确定关键风险标识符位置，并对最有可能存在的风险节点进行监控。

目前，部署 Smart Chaser 只是法国巴黎银行实现智能金融的第一步。Smart Chaser 在第一阶段可以预测交易中断的可能性和匹配时间，并提供智能电子邮件模板以简化与交易方的沟通。该系统可通过直观的交易记录仪访问所有交易流程，并对处于风险和需要注意的人或企业进行可视化管理。Smart Chaser 的第二阶段将基于自然语言处理技术，通过系统自动阅读交易对手所发出的潜在交易警告，发送自动回复。而第三阶段会将第一、二阶段结合起来，创建一个完整的交易处理 AI，以便用更快的速度和更高的准确度去预测和处理各种问题，进一步结合交易因素分析和自动化技术实现完全自动的交易行为。

六、大数据技术加强银行风险管理

大数据时代，越来越多的行业和企业享受到了数据带来的红利，银行作为数据信息密集型的服务企业也不例外，各大银行都在积极借助大数据之力，依托本身拥有的和引进的海量数据资源，对数据进行深入挖掘和分析，为客户提供个性化的服务，实现业务流程优化和业务模式创新。目前，大数据技术在银行业最广泛的应用场景之一是信贷风险管理，下面将以微众银行和网商银行作为案例，阐述具体的解决方案。

（一）微众银行——"微粒贷"成为明星产品

"微粒贷"是微众银行面向微信用户和手机 QQ 用户推出的纯线上小额信用循环消费贷款产品。2015 年 5 月，"微粒贷"在手机 QQ 平台上线，9 月在微信平台上线。根据微众银行官网的介绍，"微粒贷"贷款产品具有以下特点：无担保，无抵押；提供 7×24 小时线上服务，借款最快 40 秒到账；采用按日计息方式，提前还款无罚金。另外，"微粒贷"目前采取用户邀请制，只有在微信支付和手机 QQ 钱包中可以看到入口的用户可开通，而且受邀用户从微信支付和手机 QQ 钱包入口进入后，不需要像在传统银行申请贷款一般填写诸多资料、提供烦琐的证明，只需要填写密码、验证身份信息即可。

"微粒贷"如此高效便捷的放款方式，都是建立在微众强大的后台数据基础上的，可以实现对贷款额度上限、用户身份信息、风险相关信息等资料的客观分析。与传统银行贷款产品相比，"微粒贷"更便捷，简化了贷款流程，给用户带来了极大的便利。

"微粒贷"风险管理的核心是大数据分析技术，通过将用户画像中相关社交数据与央行征信等传统银行信用数据相结合，从社交、行为特征、交易、基本社会特征、人行征信 5 个维度对客户综合评级，该过程中会运用大量的指标构建、多重模型，以精准快速地识别客户的信用风险。在腾讯征信的大数据模型中，可以提取 20 多万个数据项，将数据项进行分析归档后，利用多个预测分析模型，如欺诈模型、身份验证模型、预付能力模型、还款能力模型、还款意愿模型以及稳定性模型，把数据记录进行规整和分析，就可以真实地了解客户的过去，分析其未来可能的行为，并得到最终的消费者信用评分。同时，微众银行还会进行身份识别确认、短信确认、网络环境确认、移动设备确认，来避免可能存在的信用欺诈行为，从而减少商业银行投资失误所带来的巨大损失。

（二）网商银行——小微企业贷独辟蹊径

网商银行主要有两种贷款产品，分别为"网商贷"和"旺农贷"。据官网介绍，"网商贷"和"旺农贷"的特点为：纯信用、0 抵押；30 秒申请，最快 3 分钟到账；可随时还款，最长可贷 24 个月；1 元起贷。和微众银行的"微粒贷"类似，商户可以在线上完成所有贷款流程，通过提交资料、等待资料审核、签署合同，最终获得额度，拿到资金。

网商银行有之前蚂蚁小贷、芝麻信用的实践基础，风控方面的经验可直接拿来借鉴和使用。网商银行在企业风险水平评估方面不仅使用大数据技术，还使用著名的水文模型。所谓水文模型，指用模拟方法将复杂的水文现象和过程经概化而给出的近似的科学模型。例如，网商银行为某淘宝店主借款者进行授信时，会结合其往年经营数据、同类型店铺、淡旺季等因素，综合决定授信额度。在传统银行的贷款模式里，一个小微企业现在如果处于较为困难的"低水位"，想要获得贷款是非常困难的。而水文模型的独特之处在于会综合考虑行业景气度、历史销售数据等因素，通过大数据分析，预测其在几个月后可能业绩会回升，从而确定是否放款，如果放款，再确定合适的放款额度是多少。在网商银行的放款系统中，阿里系商户有一个水文数据库，详细地按小微企业的行业、级别进行分类。因此，网商银行在拓展小微企业贷款风险管理层面，除了有海量数据和大数据分析技术的支撑，还有着扎实、实用的实践模型。

七、图计算技术洞察反洗钱风险

随着金融业的不断发展，银行面临的洗钱问题日益突出。目前，洗钱的手段和流程错综复杂，整个过程大致包括存放、掩藏和整合，并且以交叉重叠的形式反复出现。通常情况下，银行会有针对性地进行反洗钱客户身份识别，基于预先设定的规则做出交易是否可疑的判断，但是这种方式往往存在误识与误报情况，其中也产生了诸多不必要的工作量。所以说，如何精确识别反洗钱客户身份，提高风险交易识别准确率，是反洗钱方面亟须解决的问题。

目前，结合大数据的图计算技术是一种有效的解决手段，从交易本身出发，洞察客户交易的目的与性质，跟踪交易的轨迹，以此追溯资金的流向，做好反洗钱业务操作的风险防范。

由于图计算技术在计算速度方面具有传统计算方式无法比拟的优势，可以预见图计算会越来越多地应用到银行业务的反洗钱客户身份识别、个人反欺诈、担保圈风险识别等领域。随着反洗钱工作越来越受到监管部门和银行的重视，为了满足监管要求下的业务需求，山东城商行联盟已经将图计算应用在银行反洗钱客户识别中，用以提高收益所有人的信息透明度，加强风险评估和分类管理，防范复杂股权或者控制权结构导致的洗钱和恐怖融资风险。

结合业界案例，山东城商行联盟面对股权关系计算效率低、关系型数据库对股权关系的存储瓶颈等痛点，通过多次修改并测试识别算法，最终确定图计算技术在客户关系的关联洞察及数据处理时效上更有优势，同时借助联盟自身的大数据分析平台，进行数据存储、分析及追溯，从而进行有效的反洗钱客户识别。

具体来看，对客户识别这类数据量不断增长的业务场景，一般的传统关系型数据库无法满足庞大数据的处理需求，而山东城商行联盟采用了图计算方案，提供了快速开发的能力和后续分析人员的工作效率，并且支持自定义函数，对个性化分析需求的开发也有帮助。同时，图计算利用其本身强大的内存计算优势，极大地提高了内存计算效率，可以在短时间内进行大量的图构建和图计算。在保证高效率的同时，对资源的占用也保持在一个较低的水平，可以满足客户在使用时所要求的响应时间和准确率，也降低了硬件成本和运维成本。

整体上看，山东城商行联盟结合引入的全量企业工商数据，利用图计算引擎高效准确地构建出海量企业投资关系拓扑结构，计算出实际的控股比例，实现对企业及企业上游关联公司股权层层嵌套的复杂关系的有效识别，识别出企业间的隐藏关联关系，了解关联企业间的交叉持股情况，全方位了解所有客户背后的真实股权关系。

基于图计算技术的反洗钱客户身份识别，是山东城商行联盟对图计算技术在客户识别业务中的首次尝试。通过对技术升级与迭代，山东城商行联盟不仅可以实现对存量客户信息的更新与查验，还可以实现对新开户的对公客户的账户及开户信息进行查询，支持单个客户投资图谱查询的同时，也支持批量数据导出。该功能在 2018 年 6 月正式上线，并提供给成员行试用。截至 2019 年 9 月，该应用累计为 13 家成员行及其村镇银行提供了 41 余万次查询服务，极大提高了员工在重复而枯燥的反洗钱工作中对客户识别的工作效率。这种成功的实践使商行联盟成为将图计算技术落地银行风控的首个成功案例。

八、区块链助推征信的数据共享交易

现代金融体系的运转依赖于信用体系的支持，而征信作为信用体系的重要环节，对银行业的信用风险管理起着至关重要的作用。当前，征信市场仍然是一片蓝海，究其原因，是共享数据缺乏导致征信机构与用户信息不对称，市场局面无法打开，而通过正规数据渠道采取的数据又十分有限，再加之保护隐私数据安全的问题，使得征信市场面临着信息孤岛的问题。如何共享数据并充分发掘数据蕴藏的价值，这个问题在传统技术架构中难以解决，而区块链作为一种数据共享式的新兴科技，为征信难题提供了全新的思路。

区块链技术具有去中心化、去信任、含时间戳等特征，在保护数据隐私的基础上可以实现有限度、可管控的信用数据共享与协作。针对目前我国传统征信行业的现状与痛点，区块链可以为征信体系的数据共享交易提供有力支撑。为实现征信相关各行各业的数据共享交易，可以构建一条基于区块链的联盟链，通过搭建征信数据共享交易平台来促进最小化参与交易方的风险和成本，以实现加速信用数据的存储、转让和交易的目标。平台节点成员包括征信机构、用户、其他机构（如互联网金融企业、银行、保险、政府部门等），并开启两种共享交易模式：一是征信机构与征信机构之间共享部分用户的信用数据；二是征信机构从其他机构获取用户信用数据并形成相应信用产品。

创建基于区块链的征信数据共享交易平台可以带来诸多好处，一方面能够帮助用户确立自身数据主权，另一方面能够生成自己的信用资产。在此基础上，以用户作为数据聚合点，平台可连接各个企业及公共部门，以实现信用资源的共享共通、共建共用，开展用户数据授权可以保证用户隐私安全及各方源数据不对外泄露。值得一提的是，在平台的建设下，全网所有节点会共同维护系统的正常运行，不会出现系统的某个节点发生异常而影响整个系统的局面。只要系统中不超过一半的节点被蓄意攻击，平台就能够正常运转下去。

（一）公信宝——基于区块链技术的去中心化交易所

公信宝在 2016 年将区块链技术应用到征信行业中，致力于打造基于区块链技术的公信宝数据交易所。公信宝数据交易所是一个通用的数据交换平台，底层是基于区块链（公链）打造的一条联盟链，面向的典型客户为互联网金融企业、政府部门、银行、保险等。公信宝主要通过数据爬虫产品负责在用户授权下抓取用户数据，覆盖泛金融、泛电商、泛社交、个人身份等多种维度数据，为各大银行、互联网金融公司等机构提供征信基础数据服务。在交易过程中，公信宝会对交易双方进行匿名处理，并实现数字资产的所有权认证，并有效遏制数据交换中的造假问题。

（二）布比与甜橙信用的区块链战略合作

区块链技术服务商布比于 2016 年与征信企业甜橙信用达成战略合作，旨在通过区块链去中心化的互助协作、全网记账体系，构建普惠式的征信体系，利用区块链的共识机制建立开放式的信用。双方设计的区块链征信解决方案是，对存入区块链的数据部分公开可见，如果用户有数据购买需求，他们可以通过搜索找到需要的数据，并向数据所有商表达购买意向。这能够有效解决数据提供商之间的信任与交易壁垒问题，减少数据交易的程序、降低成本。

九、区块链技术融入跨境支付应用

目前，跨境支付主要由银行、汇款公司以及在线支付服务商提供，其主要方式为银行电汇、专业汇款机构支付和第三方支付等。传统的跨境支付或者国际货币转移，是通过要求寄款服务提供者（以银行为例）和收款服务提供者必须签订契约的机制实现的，即合作银行双方需要有通汇协定。在这种协定下，跨境转账支付所包含的信息，如寄付人、寄付金额等，是以电文形式通过 SWIFT 的银行结算系统在合作银行双方间传递的。另外，如果寄款方银行与收款方银行并无协定，则需要有第三方或者多方有契约关系的代理银行介入，如此一来，更增加了转账支付时间，交易效率低且手续费高。同时，跨境支付资金由于存在结算周期而成为沉淀资金，在第三方支付机构控制的情况下还存在资金安全风险，再加上跨境支付可能存在违规操作等传统支付模式下的问题，如利用国际信用卡进行恶意透支、套现、欺诈交易等，使得传统跨境支付面临挑战。

而区块链技术的融入可以将电文、资产交换信息以加密的方式整合在区块链网络上，可以直接省去中介代理机构、结算费用。利用区块链网络中所有参与节点，即可实现共同维护支付交易信息、共同持有数字资产进行货币交换、维护所有交易关联方记录，从而在保障跨境支付安全性的同时，大大提高跨境支付的效率。

我们以瑞波（Ripple）公司为例来介绍区块链技术与跨境支付的应用结合。

Ripple 是一家专注于支付领域的金融公司，它利用通用的全球区块链基础架构将孤立网络连接起来，形成了世界上第一个开放的支付系统网络，通过该网络可以对任意一种货币直接进行点对点转账。同时，Ripple 公司通过区块链技术创立了一个去中心化的支付清算协议，即 Ripple 协议，目的是促进世界范围内各大银行对该协议下的支付网络达成一致，并把 Ripple 协议变成通用的标准交易协议，从而使货币跨境支付变得省时高效、安全可靠、成本低廉。在 2017 年 11 月，Ripple 与英国桑坦德银行和美国运通合作，成功协助双方利用基于区块链的 Ripple 技术实现了跨国交易，相比传统的 SWIFT 系统，前者在处理速度、交易成本等各方面都具有优势。

Ripple 的运作模式是让不同银行或其他金融机构连接 Ripple 网络，将接入后的银行与其他金融机构作为该网络系统中的节点，以 Ripple 发行的虚拟货币 XRP（瑞波币）作为媒介，发起点对点的跨境支付交易。其中，做市商会在 Ripple 网络上扮演国际支付的流动资金供应商的角色，为跨境付款提供衔接性服务。同时，该网络会通过路由机制在做市商之间选取最优的外汇价格并减少管理费，最大限度降低结算费用，而支付类金融机构也可以利用 Ripple 为客户提供实时的国际支付事务。如此一来，基于 Ripple 区块链技术的跨境支付应用即可实现快捷、安全、价格低廉的新型跨境支付模式。

十、联邦学习为数据孤岛破局

在智能化盛行的时代，数据作为一种生产资料，具有来源广、规模大和实时动态等特点，蕴藏着巨大的商业价值。企业对大数据的重视程度越来越高，如何在共享、使用数据的同时，有效保护隐私数据、防止信息泄露，已成为新的难题与挑战。而联邦学习的出现，打破了目前各行各业数据割裂、形成数据孤岛的现状。它无须从各企业获取训练模型所需要的数据信息，而是将模型在各方企业的数据库上以加密机制下参数交换的计算方式完成训练（如图 7-1 所示），整个训练过程自始至终没有任何原始数据的传输或移动，不影响数据合规性，从而保护了各方数据所有者的隐私。

下面以微众银行为例，介绍联邦学习框架如何助力反洗钱应用。

为有效满足大数据的隐私保护和监管要求，微众银行的 AI 团队自主研发了全球首个工业级的联邦学习框架，它的目的是在满足数据合规、安全和法律法规的前提下，为联邦学习架构体系下的各种机器学习算法提供安全计算，联合建模并共同提升机器学习效果，有效地实现对隐私数据的应用和保护。

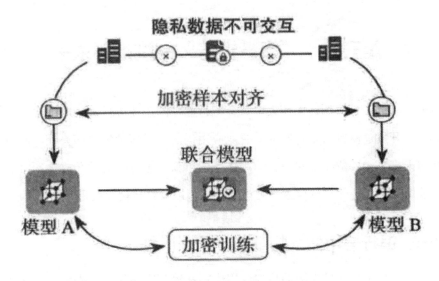

图7-1　联邦学习模型训练流程示意图

微众银行还通过应用联邦学习平台,让银行与保险反洗钱模型进行联合训练(如图 7-2 所示),共同提升模型学习效果。

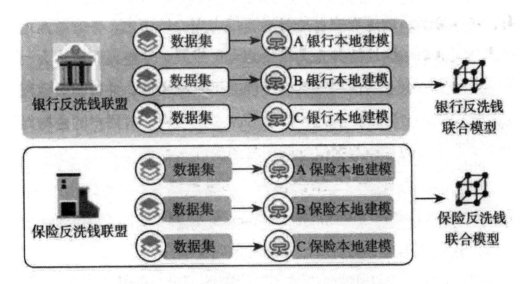

图7-2　微众银行联邦学习反洗钱联合模型

联邦学习技术手段还可显著减少人工评审的工作量,每日审查案件已从 1000 多件减少至 40 件以下,而使用银行数据与保险数据进行本地化反洗钱建模,也使工作人员处理可疑案例的数量大大减少。

第五节 "智慧银行"的挑战和未来

金融智能的各种应用已促使大多数金融行业中的企业进行机制与运营的改革及重建。然而，开发适应针对银行服务的智能应用仍需面对多种挑战。关于"智能银行"的挑战与未来，主要集中在对银行信用体系的革新、银行模式的开放化、加密前提下的银行数据共享、智能银行自主预测与规避风险以及科技把控银行监管尺度五方面。

一、银行信用体系的革新

长期以来，银行凭借先天的品牌信用优势和较为完善的信用体系，在资金交易的过程中总是扮演着信用中介的角色。伴随着人工智能、大数据、区块链等先进科技的飞速发展，这些高新技术为一些互联网金融企业的信用体系构建创造了基础条件，并被积极应用于金融领域。金融机构借助大数据等技术的支持，对用户的金融行为以及平台上的各种数据信息进行收集与深入挖掘、分析，并将用户的购买行为与金融行为结合起来，准确推测出用户的信用基础，从而实现信用评价。同时，用户一旦出现失信行为，互联网金融企业也能够迅速将其形成信用记录，并及时更新用户的信用评级。如此一来，银行这一信用中介的角色日趋边缘化，同时银行也会因无法获取精准的客户关系数据而逐渐被挤占、损失市场业务份额。

中国人民银行已建立非银行支付机构网络支付清算平台，即网联，并要求非银行支付机构由原来的直连模式迁移至网联平台，涉及银行账户的网络支付业务全部通过网联平台处理。相应地，从第三方支付平台获取的交易流水、用户画像等信息可以流向网联，这也为银行信用体系的重塑提供了机会。

未来，银行可以通过网联平台监管获取信用数据，对银行现阶段掌握的（如身份特征、收支花销、还贷记录等）浅层次信用数据进行更新，融入更多诸如用户生活习惯、消费水平、地理位置、行走轨迹，甚至行为预测等基于科技手段实时推荐的用户画像信息，以此助力银行精准定位用户的信用等级，支撑银行建立智能化信用体系。

二、银行模式的开放化

传统的商业银行主要承担着存款经营和贷款业务,并扮演着信用中介角色。它作为市场经济主体的重要组成部分,始终在货币流通媒介甚至整个金融体系中占据着举足轻重的地位。不过,随着近几年金融科技赋能的逐渐加深,互联网金融企业如雨后春笋般出现,冲击着传统商业银行。再加上当前经济形势低迷、监管政策收紧等因素影响,迫使银行利润率持续走低,面临挑战。

为了改善这一现状,银行业从市场格局和用户习惯出发,开始在金融科技的浪潮影响下探索新的发展模式,以打造核心竞争力。目前,国有商业银行、股份制银行、城商行等从业主体都在积极孵化智慧银行、虚拟银行、互联网银行等新模式,并加速落地。除了从业主体银行外,大量的互联网企业也开始布局银行业,如腾讯牵头发起的中国第一家互联网银行"微众银行"。整体来看,像互联网银行、虚拟银行以及提供 API 接口等技术实现服务与数据共享的开放银行等,都是在当下萌芽并会在未来积极探索、发展和成熟的银行新型模式。另外,还需要重点提到的是,基于移动应用程序的个人数字化银行也将登上未来银行新模式的舞台。它可以通过将人工智能技术与理财专业相结合,对账户持有人的银行和信用卡信息进行分析,为用户实现定制化的预算与理财决策。据统计,当前个人数字银行的市场体量只有 3%,市场空间巨大。同时,随着移动支付技术的日趋成熟和广泛应用,数字货币将会成为广大用户使用的主流货币。目前,商务部已公布将在京津冀、长三角、粤港澳大湾区及中西部具有条件的地区进行数字人民币试点,并先行在深圳、苏州、雄安新区、成都及 2020 年冬奥场景进行内部封闭试点测试。数字货币一种是以比特币为代表的私人数字货币,另一种则是以国家信用为基础的传统纸币的数字化货币。相比之下,后者这种央行数字货币发展将会更加迅猛,并在严肃财经纪律、打击贪污腐败及优化金融系统等方面有重大意义。

未来,银行将从本质上利用先进科技为用户提供更为便捷、更加优质的服务,并逐步走向银行开放化的新格局。

三、加密前提下的银行数据共享

数据是大数据和人工智能技术的重要"原料",人工智能等技术的开发也对数据存在极大的依赖性。然而,目前人工智能技术在数据方面仍存在一些问题。一方面,数据的获取是一项挑战:许多领域存在数据量有限以及数据质量较差的问题,现有的数据并不足以支撑人工智能技术的实现。另一方面,即使数据存在且数据量充足,数据源也不一定能共享,这使得许多需要多领域数据协同才能完成的任务无法实现。具体来说,许多银行业中的大数据和人工智能技术的实现,需要的数据涉及多个领域和行业,而大多数行业中的数据以孤岛的形式存在,由于行业存在竞争、隐私安全、法律法规等问题,实现数据整合面临着重重阻力,这也就阻碍了人工智能技术的应用。此外,随着大数据技术的发展,数据隐私和安全问题已经成为世界各国重点考虑的问题。许多国家和组织都在加强对数据安全和隐私的保护。例如,欧盟在 2018 年 5 月 25 日开始实施《通用数据保护条例》(简称 GDPR)。GDPR 要求"经营者用清晰、明确的语言来表述自己的用户协议,并且允许用户执行数据'被遗忘'的权利"。根据 GDPR 的规定,用户可以要求经营者删除其个人数据并且停止利用其数据进行建模,违背该条例的企业将会面临巨额罚款。中国从 2017 年起开始实施《中华人民共和国网络安全法》,该法指出,"网络运营者不得泄露、篡改、毁损其收集的个人信息"。这使得未来银行业在人工智能传统的数据处理应用中将面临新的挑战。

以上问题的一个解决办法是加密数据共享。联邦学习机制即可用于解决这一难点。联邦学习机制认为,任何参与联邦学习的合作机构(如银行)都可以向联邦内的其他机构发出新用户的数据信息查询请求,其他机构在不知道这个用户具体信息(用户信息加密)的前提下,回答数据需求方关于该用户的提问或提供该用户的数据信息。这样既能保护已有用户在各个合作机构的隐私和数据信息的完整性,同时也能完成用户数据的查询与共享,提高数据的效用。

四、智能银行自主预测与规避风险

人工智能在数据分析上的优势能够为金融从业者们带来更多的技术变革与应用,但如何有效地利用数据来产生价值,则依然要靠人类对行业的理解与创意。正如摩根大通在《大数据与人工智能战略》报告中提到的,"银行需要聘请优秀的数据科学家,但它们也需要了解市场运作方式"。与其说这是人工智能所面临的局限,不如说是对人类前瞻性的挑战。目前,拓宽、发掘人工智能在银行业的应用场景,建立机器学习与金融专业知识的强交叉,在未来的智能化时代依然扮演着最重要的角色。

目前阶段的智能银行中的人工智能主要用于预测交易中断的可能性和匹配时间，如提供智能电子邮件模板以简化与交易方的沟通，并对处于风险和需要注意的人或企业进行可视化监控。未来智能银行中的人工智能或许能够在学习并掌握金融领域专业知识的基础上，迭代分析银行高管。在过去银行出现瓶颈时提出解决方案的详细内容，通过人工智能算法对出现问题的诱因与具体应对措施进行数据分析，让银行业中的人工智能不再单纯地通过用户或企业数据分析为用户提供安全便利的服务，而是能够为银行管理层在决策和处理问题上提供更广阔的解决思路和具体方案。同时，可以通过预测性分析技术预测问题出现的时间和内容，让银行业中的人工智能可以预测行业中即将或可能发生的问题并提出规避方案。总体来说，在智能银行的未来，将创建一个完整的、全生命周期的经营管理AI，银行将基于外部市场环境与内部业务流程建立用于预测、风控和决策的智能认知模型，并融入专业性金融知识体系，使其用更快的速度、更高的精度去预测、处理各种复杂问题与需求，规避风险，并进一步结合其交易影响等因素做出分析、推理，实现完全自动的智能决策或交易行为，创造增量价值。

五、科技把控银行监管尺度

移动互联网技术的飞速发展和快速普及，与人工智能等新技术的发展共同催生了大量全新的服务场景，在这一趋势下所诞生的诸多创新型服务虽然隶属于金融服务，但并不一定能受到有关部门和现有的相关法律法规的监管，这就可能让不法分子有机可乘，最终导致不仅没有造福民众，反而给人们带来财产损失。因此，随着以人工智能为代表的高新技术在金融服务领域不断得以应用，如何把控银行监管尺度及监管时机，以及如何对新型金融服务进行全面管理，将成为金融监管部门的重大挑战。

其中，一个典型例子是对多方借贷的监管。多方借贷是指某不良客户在一个金融机构借钱，把借来的钱用于还给另一个借贷机构。多方借贷如果大量存在且不能被及时发现和阻止，是非常危险的，可能会导致整个金融系统崩溃。多方借贷问题在银行业一直存在，并且困扰着银行从业者和监管层，特别是小微型企业群体，由于它们的内部结构和财务管理不够规范，再加上本身企业经营规模小、实力有限，未来发展前景具有很大的不确定性，使得它们无法很好地控制客户定期还款能力。

随着互联网银行的成立和线上贷款方式的普及，多方借贷问题可能会更加严重，线上借贷不需要提供证明材料，也不需要抵押物和担保，资金最快几分钟就能到账，这使得不法分子更有机会进行多方借贷的操作。因此，未来相关部门需要加强监管，银行等金融机构也要加快技术的提升和研发，加大对非法行为的识别力度，使不法分子无机可乘。

参考文献

[1] 陈晓华.金融科技之智能客服 [M].北京：北京邮电大学出版社，2019.

[2] 陈作章，于宝山，姜帅.江苏科技金融发展的探索与创新研究 [M].苏州：苏州大学出版社，2016.

[3] 樊莉.科技与金融的搜寻匹配及政策效果研究 [M].兰州：兰州大学出版社，2021.

[4] 范亚莉，覃朝晖.金融科技理论与实践 [M].长春：吉林人民出版社，2021.

[5] 顾晓敏，梁力军，孙璐.金融科技概论 [M].上海：立信会计出版社，2019.

[6] 郝晋辉.金融科技 [M].厦门：厦门大学出版社，2020.

[7] 郝相君.上海科技金融评价体系研究 [M].上海：上海交通大学出版社，2017.

[8] 和瑞亚.科技金融资源配置机制及效率研究 [M].西安：西安电子科技大学出版社，2017.

[9] 靖研，明振东.科技金融：金融促进科技创新 [M].北京：中国金融出版社，2022.

[10] 李建军，廖检文总主编.金融科技理论与实践 [M].北京:中国财政经济出版社，2021.

[11] 李健，马亚.科技金融：理论进展与滨海金谷的构建 [M].北京：中国金融出版社，2014.

[12] 李秋蝉.战略性新兴产业与科技金融研究 以四川省为例 [M].成都：四川大学出版社，2015.

[13] 廖岷，王鑫泽.科技金融创新：新结构与新动力 [M].北京：中国金融出版社，2016.

[14] 刘变叶，张雪莲，郑颖，等.金融科技结合的路径创新 [M].北京：中国经济出版社，2021.

[15] 刘绪光. 数字账户平台科技与金融基础设施 [M]. 北京：中国金融出版社，2022.

[16] 刘勇，孙鲁. 中国金融科技创新 [M]. 北京：中信出版集团股份有限公司，2021.

[17] 陆岷峰，毛富国. 金融科技赋能新说 [M]. 北京：中国金融出版社，2022.

[18] 马晨明. 分水岭：金融科技热点解读 [M]. 北京：企业管理出版社，2021.

[19] 毛道维，毛有佳. 科技金融的逻辑 [M]. 北京：中国金融出版社，2015.

[20] 彭大衡，许涤龙. 科技金融发展趋势与对策：广东科技金融发展报告2016[M]. 北京：中国金融出版社，2016.

[21] 邱志刚. 金融风险与金融科技：传统与发展 [M]. 北京：中国金融出版社，2021.

[22] 全颖，郑策. 数字经济时代下金融科技信用风险防控研究 [M]. 长春：吉林人民出版社，2019.

[23] 谈毅. 上海科技金融产品与服务创新研究 [M]. 上海：上海交通大学出版社，2015.

[24] 唐方方，宋敏. 区块链＋金融科技案例分析 [M]. 武汉：武汉大学出版社，2020.

[25] 王斐波，谢乔昕. 科技金融创新与中小科技型企业发展 [M]. 杭州：浙江大学出版社，2017.

[26] 王吉发，等. 金融创新和科技型企业转型及科技金融体系建设 [M]. 沈阳：辽宁人民出版社，2016.

[27] 王伟. 促进科技和金融结合政策文汇编 [M]. 北京：科学技术文献出版社，2011.

[28] 王宪明，胡继成，谷晓飞. 中国科技金融融资工具研究 [M]. 北京：北京邮电大学出版社，2014.

[29] 王小广. 催化与裂变：科技联姻金融 [M]. 深圳：海天出版社，2020.

[30] 杨靖. 从科技金融看经济转型 [M]. 北京：北京理工大学出版社，2014.

[31] 张红. 科技金融服务主体的合作与竞争研究 [M]. 上海：上海大学出版社，2014.

[32] 张骁虎 . 金融 · 贸易 · 科技 [M]. 长春：吉林大学出版社，2020.

[33] 赵昌文 . 科技金融文集 [M]. 北京：中国金融出版社，2014.

[34] 赵玲，周恺秉，贺小梅，等 . 我国科技金融体系构建研究：以杭州为例 [M]. 杭州：浙江大学出版社，2019.

[35] 朱丹作 . 科技金融、科技创新与产业结构升级 [M]. 北京：企业管理出版社，2022.